D1559038

LE LAI DE LANVAL

MARIE DE FRANCE

Le Lai de Lanval

PRÉSENTATION, TRADUCTION ET NOTES
DE LAURENCE HARF-LANCNER

suivi de

JEAN D'ARRAS

Le Roman de Mélusine

EXTRAITS TRADUITS PAR MICHÈLE PERRET

LE LIVRE DE POCHE
Libretti

Ce volume a été conçu
sous la direction de Michel Zink.

ISBN : 978-2-253-13813-6 – 1ʳᵉ publication LGF

PRESENTATION

De l'auteur du lai de *Lanval*, on ne sait rien, à peine un nom : Marie de France. A la fin du XIIe siècle, trois œuvres sont signées du nom de Marie : les *Lais*, le *Purgatoire de saint Patrick* et un ensemble de fables ésopiques, un *Isopet*. Les lais (vers 1170) sont de courts poèmes narratifs qui se présentent comme la transcription de contes bretons. *Lanval* s'ouvre sur ces mots : « Je vais vous raconter une aventure qui a donné naissance à un autre lai. » D'après les indications des prologues des différents récits du recueil, des aventures prodigieuses, du temps des anciens Bretons, auraient donné naissance à une tradition orale, celle des contes, et les contes à des lais : « Je vais vous raconter en peu de mots les contes dont je sais qu'ils sont vrais, les contes dont les Bretons ont tiré leurs lais[1]. » Le lai lui-même est une composition musicale (du celtique *laid*, chanson) que l'on exécute à la harpe. Et le travail de Marie a été de faire passer de l'oral à l'écrit les contes populaires qui ont donné naissance aux lais : « J'en connais moi-même beaucoup et je ne veux pas les laisser sombrer dans l'oubli. J'en ai donc fait des contes en vers, qui m'ont demandé bien des heures de veille. » Puis les récits eux-mêmes ont été désignés comme des lais. Le recueil attribué à Marie est dédié à un « noble roi » qui est vraisemblablement Henri II Plantagenêt, roi d'Angleterre de 1154 à 1189.

Une autre Marie est l'auteur, vers 1180, de fables adap-

---

1. *Le Lai de Guigemar*, vv. 19-21, in *Lais de Marie de France*, Paris, Le Livre de Poche, coll. Lettres gothiques, p. 27.

tées en français d'une version anglaise. Parmi elles, les plus célèbres de la tradition ésopique, que l'on retrouvera dans les *Fables* de La Fontaine : Le Loup et l'Agneau, Le Corbeau et le Renard, la Cigale et la Fourmi, etc. Le recueil se clôt sur cette indication : « A la fin de ce texte que j'ai composé en langue romane, je me nommerai pour ne pas être mise en oubli : j'ai nom Marie, je suis originaire de France. »

Enfin une troisième Marie a traduit de latin en français, vers 1190, la légende irlandaise du Purgatoire de saint Patrick. Selon cette légende, Jésus aurait montré à saint Patrick, évangélisateur de l'Irlande, une fosse dans un lieu écarté : tout pénitent qui accepterait de passer un jour et une nuit dans la fosse serait lavé de ses péchés. Le chevalier Owein décida de tenter l'aventure. Au fond de la fosse, il affronta les démons, découvrit le Purgatoire, l'Enfer et le Paradis terrestre. A son retour, il raconta sa vision et termina saintement ses jours.

Les trois œuvres sont liées à l'Angleterre. Les trois Marie n'en sont vraisemblablement qu'une seule, qui a vécu en Angleterre, peut-être à la cour de Londres, le plus brillant foyer intellectuel du monde occidental au XIIᵉ siècle. Henri Plantagenêt, duc de Normandie, comte d'Anjou, est en effet devenu duc d'Aquitaine par son mariage avec Aliénor d'Aquitaine en 1152, et roi d'Angleterre en 1154. C'est le plus puissant prince de l'Occident chrétien et la cour de France ne saurait rivaliser avec le rayonnement de la cour d'Angleterre, où s'élaborent les premiers romans en langue française. C'est là que naissent la vogue de la matière de Bretagne, le mythe du roi Arthur et des chevaliers de la Table Ronde. En effet, bien avant le XIIᵉ siècle, on trouve des traces de légendes attachées à la défaite des Bretons, chassés de la Grande-Bretagne par les invasions saxonnes, au Vᵉ siècle. Des chroniques latines mentionnent un « chef de guerre » nommé Arthur. Ce chef serait tombé au combat devant les Saxons en 537 et son peuple attendrait son retour pour reconquérir la Grande-Bretagne sur les Saxons. Mais deux chroniques anglaises du XIIᵉ siècle vont établir définitivement la biographie mythique du roi Arthur : l'*Histoire des rois de Bretagne* (*Historia regum Britanniae*) de Geoffroy de Monmouth, en 1138, et sa *mise en roman*, c'est à dire son adaptation en français, par le poète anglo-normand Wace, en 1155, pour le roi d'Angleterre : *Le Roman de Brut*. Geoffroy est le premier à donner au roi Arthur la stature d'un héros national. La traduction de Wace assure la diffusion du texte dans le milieu laïque. Elevé sous la protection du prophète Merlin, le jeune Arthur réussit à tirer du roc l'épée qui y est fichée et qui le désigne comme le roi des Bretons. Il lutte victorieusement contre les Saxons, étend ses conquêtes sur le continent et s'apprête à marcher sur Rome quand la trahison de son neveu Mordret l'oblige à revenir sur ses pas. Blessé mortellement, il disparaît dans l'île merveilleuse d'Avalon, où il attend le moment de revenir se mettre à la tête de son peuple : « Arthur, si l'histoire est véridique, fut mortellement blessé au corps et se fit porter en Avalon pour y soigner ses plaies. Il y est encore, et les Bretons l'attendent, ainsi qu'ils le disent et l'espèrent [1]. » Ces textes attestent l'existence, au XIIe siècle, d'une tradition orale celtique très vivace autour de la figure du roi Arthur et la diffusion de contes merveilleux qui mènent leurs héros dans un autre monde féerique dont ils conquièrent, par leur valeur, les belles habitantes. Les lais de Marie de France et les lais anonymes composés par la suite attestent le succès de ces récits dans les milieux aristocratiques du XIIe siècle. Parallèlement, à la cour de Champagne, Chrétien de Troyes compose pour la comtesse Marie, fille d'Aliénor d'Aquitaine, les premiers romans bretons, construits sur les mêmes contes que les lais féeriques : *Erec et Enide*, *Le Chevalier au lion (Yvain)*, *Le Chevalier de la charrette (Lancelot)* et *Le Conte du Graal (Perceval)* [2]. Dans cette littérature romanesque composée pour les cours seigneuriales s'élabore un idéal nouveau, l'idéal *courtois*, qui glorifie des valeurs nouvelles : politesse raffinée, mesure, largesse, culte de la femme.

Un manuscrit du XIIIe siècle (le manuscrit Harley 978 de la British Library de Londres) rassemble un prologue et

---

1. *La Geste du roi Arthur*, trad. E. Baumgartner et I. Short, Paris, U.G.E. 10/18, 1993, pp. 257-258. — **2.** Chrétien de Troyes, *Romans*, Paris, Le Livre de Poche, coll. La Pochothèque, 1994.

douze lais, que l'unité de ton, d'intention et de style pousse à attribuer à un auteur unique, Marie de France. Quatre de ces lais sont des contes merveilleux : *Guigemar, Bisclavret, Yonec* et *Lanval*. Guigemar serait un chevalier parfait s'il ne refusait l'amour. Il rencontre à la chasse une biche aux bois de cerf, qui prophétise son destin : découvrir l'amour à travers la souffrance. Bisclavret serait lui aussi un bon chevalier si, trois jours par semaine, il ne disparaissait pour se transformer en loup ; sa femme perce le secret du loup-garou et tente de se débarrasser de lui. Dans le lai d'*Yonec*, variante du conte populaire de l'oiseau bleu, une jeune femme emprisonnée par un vieux mari jaloux trouve le bonheur et l'amour grâce à un homme oiseau, qui vole jusqu'à la fenêtre de sa tour. Le mari jaloux tue l'oiseau mais le fils né de ces amours, Yonec, vengera son père. Les lais sont tous des histoires d'amour. Quand le merveilleux en est absent, le récit est centré sur les épreuves imposées aux amants. Un roi qui ne veut pas se séparer de sa fille impose à chaque prétendant de porter celle-ci dans ses bras jusqu'au sommet d'une colline (*Les Deux Amants*) : un jeune amoureux tente l'épreuve et en meurt, comme sa bien-aimée. Deux amants séparés par un mari jaloux se contentent d'écouter, à leurs fenêtres voisines, le chant du rossignol (*Le Rossignol*) : le mari tue le rossignol, que l'amant fera enchâsser comme une relique. Milon et son amie mariée de force à un autre correspondent grâce à un cygne (*Milon*). Tristan et Iseut sont identifiés au chèvrefeuille et au noisetier (*Le Chèvrefeuille*) ; les deux arbres entrelacés meurent si l'on veut les séparer : « Belle amie, ainsi en va-t-il de nous : ni vous sans moi, ni moi sans vous ! » *Le Frêne* est une version de l'histoire de Grisélidis, la femme soumise dont la patience est récompensée ; *Eliduc* une nouvelle édifiante dont le héros, partagé entre deux femmes, est sauvé de son dilemme par le sacrifice de son épouse. Enfin deux lais sont proches des fabliaux, quittant les sphères éthérées de la courtoisie et de l'amour parfait pour des réalités plus triviales. *Equitan* conte une sombre histoire d'adultère dont les héros criminels sont pris à leur propre piège ; *Le Malheureux* l'histoire d'une dame qui perd au même tournoi ses quatre soupirants : trois meurent, le quatrième est privé par ses blessures des plaisirs de l'amour.

Quant au lai de *Lanval*, c'est un pur conte de fées. Son héros vit au temps mythique des chevaliers de la Table Ronde, à la cour du roi Arthur. Comme bien des héros de contes, il se trouve, au début du récit, en situation d'exclusion et de manque : le roi l'a oublié dans ses largesses et, privé de ressources, éloigné de son pays natal, il est incapable de tenir son rang à la cour. Il quitte alors la ville et la société humaine, à la rencontre d'un autre monde plus favorable. Il s'allonge dans l'herbe, près d'une rivière, et voit surgir deux belles demoiselles. Elles le saluent et le conduisent dans une tente somptueuse, près de leur maîtresse, éblouissante de beauté, qui offre au héros son amour et sa protection : « Lanval, mon ami, c'est pour vous que j'ai quitté ma terre, je suis venue de loin pour vous chercher, [...] car je vous aime plus que tout ! » Amoureux au premier regard, Lanval accepte toutes les propositions de la belle inconnue, dont on ne connaîtra jamais le nom. Elle offre au héros son amour et toutes les richesses du monde à une seule condition, qu'il accepte aussitôt : il devra toujours garder le silence sur leur union.

Lanval, comblé, regagne la ville ; il possède désormais l'amour et la richesse. Mais la reine, éprise de lui, lui offre son amour et, devant son refus, l'accuse d'homosexualité. Lanval se justifie en se vantant de son bonheur : la femme qu'il aime est si belle que la moindre de ses servantes est plus belle et plus courtoise que la reine elle-même. Mais en trahissant le secret, il a tout perdu : son amie ne répond plus à son appel. Bien plus, le roi et la reine lui intentent un procès : qu'il produise son amie afin de prouver la véracité de ses dires !

Le héros va être condamné par ses juges quand on voit s'avancer par la ville deux jeunes filles, très belles, puis deux autres, plus belles encore : tout le monde veut reconnaître parmi elles l'amie de Lanval, mais elles n'en sont que les suivantes. Enfin l'amie de Lanval s'avance elle-même, et les juges ne peuvent que s'incliner devant sa beauté et innocenter le héros. Elle refuse de s'attarder, et quand elle regagne son pays, l'île d'Avalon, Lanval saute en croupe derrière elle et disparaît à jamais dans l'autre monde.

Bien des récits du folklore universel racontent la même histoire, celle des amours d'un mortel et d'une fée. On les qualifie de contes mélusiniens, du nom de la plus célèbre des fées du Moyen Age, Mélusine, dont l'histoire entre en littérature dès le XIIᵉ siècle, comme le lai de *Lanval*, et fait l'objet de deux romans vers 1400. Mélusine avait imposé à son époux Raimondin de ne jamais chercher à la voir le samedi et, pendant de longues années de bonheur, elle avait enfanté des fils et construit des châteaux, dont le château de Lusignan. Mais un jour Raimondin surprit son secret : dans l'eau de son bain, la femme se transformait en serpente. Mélusine trahie s'envola sous sa forme animale des tours de Lusignan, emportant avec elle le bonheur qu'elle avait apporté en dot. Le lai de *Lanval*, l'histoire de Mélusine et d'innombrables contes populaires suivent la même structure narrative :

— Une fée s'unit à un mortel en lui imposant le respect d'un interdit.

— Le héros jouit d'une prospérité éclatante aussi longtemps qu'il tient sa parole.

— Le pacte est violé : la fée disparaît.

La rencontre.

La misère de Lanval, injustement oublié par Arthur, malgré sa valeur, l'exclut de la cour et lui fait rechercher la solitude. L'éloignement et l'isolement du héros favorisent l'intervention fantastique, liée ici à un décor aquatique. Les deux fées se montrent au héros allongé dans l'herbe : rêve ou réalité ? L'allusion au tremblement du cheval s'ajoute encore aux indices qui jalonnent l'emprise progressive du merveilleux sur le récit, précédant l'apparition féerique. Cette radieuse vision est dédoublée dans *Lanval*, avec l'arrivée de deux demoiselles puis la rencontre de leur dame. Toutes trois présentent d'ailleurs les mêmes traits, communs à toutes les fées de la littérature universelle : beauté et richesse. La dame elle-même est, on le devine, plus radieuse encore et plus somptueusement vêtue. Mais le terme de *fée* ne sera jamais prononcé : il n'est question que de *demoiselles*, que de *la jeune fille* ou de *l'amie* de Lanval : Marie pratique une esthétique du mystère, recherche le fantastique.

Le pacte.

La fée avoue son amour au héros, qui s'enflamme aussitôt à sa vue. Mais elle lui impose le respect d'un interdit : « Ne vous confiez à personne ! Je vais vous expliquer pourquoi : si l'on apprenait notre amour, vous me perdriez à jamais, vous ne pourriez plus jamais me voir ni me tenir dans vos bras ! » Il s'agit clairement de garder le secret sur l'union du héros et de la fée, sur la communication qui s'est établie entre deux mondes qui doivent rester imperméables l'un à l'autre. De la même façon, dans le *Roman de Mélusine* rédigé en 1393 par Jean d'Arras, Raimondin ne perd pas sa femme au moment où il découvre sa double nature de femme et de serpente, mais quand il révèle à tous cette double nature en la traitant publiquement de serpente [1].

La fée répare l'injustice des hommes. Elle promet au héros une richesse inépuisable. Lanval semble doué du pouvoir magique d'obtenir l'objet de son désir par la seule force d'un souhait : qu'il éprouve l'envie d'avoir la fée à ses côtés, elle répond à son appel ; qu'il veuille or et argent afin de prodiguer les largesses comme se doit de le faire un noble chevalier, son vœu est aussitôt exaucé.

La transgression du pacte et le dénouement.

Dans les contes populaires, un personnage jaloux du héros joue le rôle de l'agresseur : c'est ici la reine. L'accusation qu'elle porte contre le héros est précisément la seule qui pouvait inciter Lanval à se vanter de son amour, donc à violer l'interdit. Le châtiment ne se fait pas attendre : de retour à son logis, il appelle vainement son amie : conformément à ses menaces, la fée a disparu. Lors du procès, c'est encore la reine qui s'acharne contre l'accusé, pressant les juges afin d'obtenir le bannissement de Lanval avant que celui-ci ne reçoive un secours.

---

1. Jean d'Arras, *Mélusine*, trad. M. Perret, Paris, Stock Plus, 1979, p. 250 ; Coudrette, *Le Roman de Mélusine*, trad. L. Harf-Lancner, Paris, GF-Flammarion, 1993, p. 101.

Deux autres lais, anonymes et vraisemblablement postérieurs, reproduisent le même schéma narratif dans deux récits très proches du lai de *Lanval* : *Graelent* et *Guingamor*[1]. Graelent repousse l'amour de la reine, qui le poursuit de sa haine. Il quitte la cour et suit une biche blanche qui le mène à une source où se baigne une jeune fille : celle-ci lui accorde son amour à la condition de lui garder le secret. Poussé par le roi à admirer la beauté de la reine, il vante la beauté supérieure de son amie et viole ainsi l'interdit. La fée le rejette puis vient se montrer à la cour pour le justifier et repart avec son ami. Le lai de *Guingamor* est plus révélateur encore des rapports qui se tissent, dans ces contes, entre ce monde et l'autre. Guingamor repousse lui aussi la reine et suscite sa vengeance ; exclu de la cour, il s'enfonce dans la forêt, à la poursuite d'un blanc sanglier qui le mène à une mystérieuse jeune fille. La blanche biche, le blanc sanglier ne sont que des avatars de la fée, qui attire ainsi auprès d'elle l'élu de son cœur. Mais au lieu de regagner la cour, comme Lanval et Graelent, Guingamor passe trois jours auprès de son amie. Quand il veut rejoindre les siens, il découvre que trois siècles se sont écoulés ; quand il met pied à terre, trois siècles s'abattent sur ses épaules : il va mourir quand deux fées viennent lui faire franchir la rivière pour le reconduire dans l'autre monde.

Cependant le dénouement des trois lais est heureux : la fée vient au secours de son ami, qui disparaît avec elle, dans l'île d'Avalon, selon le lai de *Lanval*. Mais qu'est-ce que l'île d'Avalon ? Geoffroy de Monmouth et Wace la mentionnent comme le lieu où Arthur s'est réfugié pour soigner ses blessures, auprès de la fée Morgane et de ses compagnes, et d'où il reviendra se mettre à la tête des Bretons. C'est l'Ile des Pommes, du gallois *afallach*, pommeraie. Il s'agit d'une île mythique peuplée de femmes aux pouvoirs surnaturels : une représentation de l'autre monde ou du monde des morts dans le folklore celtique, et en particulier irlandais. Ainsi ce monde des fées où Lanval vit un éternel bonheur est aussi le monde des morts, seul refuge

---

1. *Lais féeriques des* XIIe *et* XIIIe *siècles*, trad. A. Micha, Paris, GF-Flammarion, 1992.

des amours interdites par les hommes. Lanval et son amie trouvent le bonheur dans un autre monde, tout comme, dans d'autres lais, les amants réunis dans la mort : tels les amants tragiques du lai d'*Yonec*, les héros des *Deux amants* ou encore Tristan et Iseut. C'est que Marie de France a de l'amour une vision singulièrement pessimiste. Ses héros trouvent la paix dans la mort ou doivent s'évader, pour échapper à la malveillance des hommes, dans un monde supérieur, traduction poétique de l'île d'Avalon. Cet ailleurs auquel tendent les lais, c'est le pays des fées pour Lanval, c'est aussi le monde rêvé où l'amour peut s'épanouir sans entraves, le monde idéal où l'amour humain trouve sa récompense.

LE LAI DE LANVAL

On a choisi de donner ici en vis-à-vis le texte du XIIᵉ siècle, écrit en anglo-normand (dans l'édition de Karl Warnke, Halle, 1925), et sa traduction. Les notes pour la traduction française sont réparties sur la double page.

L'aventure d'un altre lai,
cum ele avint, vus cunterai.
Faiz fu d'un mult gentil vassal ;
en Bretanz l'apelent Lanval.

5 A Kardoeil surjurnot li reis,
Artur, li pruz e li curteis,
pur les Escoz e pur les Pis
ki destrueient le païs ;
en la terre de Loegre entroënt
10 e mult suvent le damajoënt.
A la Pentecuste en esté
i aveit li reis sujurné.
Asez i duna riches duns.
E as cuntes e as baruns,
15 a cels de la Table Roünde
(n'ot tant de tels en tut le munde !)
femmes e terres departi,
fors a un sul ki l'ot servi.

1. Carduel, c'est-à-dire Carlisle (Cumberland) est l'une des résidences attribuées au roi Arthur.

2. Les chroniques du règne d'Arthur (en particulier l'*Historia regum Britunniae* de Geoffroy de Monmouth et le *Roman de Brut* de Wace) puis les romans en prose qui en sont dérivés (tel le grand cycle du *Lancelot* en prose, au XIIIᵉ siècle) évoquent les luttes du roi Arthur contre les Scots et les Pictes, installés au nord de la Grande-Bretagne, et contre les invasions des Angles et des Saxons, peuples germaniques.

3. La terre de Logres est le royaume d'Arthur, l'Angleterre. Ce cadre arthurien, inhabituel dans les lais d'ordinaire situés en Bretagne, est propre au lai de *Lanval*. On ne le retrouve pas dans les deux lais parallèles, *Graelent* et *Guingamor*.

4. Ici, comme dans les romans de Chrétien de Troyes, le roi Arthur tient sa cour à la belle saison (Ascension ou Pentecôte), ce qui correspond à une réalité du XIIᵉ siècle.

Je vais vous raconter une aventure
qui a donné naissance à un autre lai
et dont le héros, un noble chevalier,
a pour nom Lanval en breton.

5   Le roi Arthur, vaillant et courtois,
séjournait à Carlisle[1]
pour affronter les Ecossais et les Pictes[2]
qui ravageaient le pays,
ne cessant leurs incursions
10   et leurs pillages en terre de Logres[3].
A la Pentecôte[4], à la belle saison,
le roi séjournait donc dans la ville.
Il a distribué de riches présents
à ses comtes, à ses barons[5],
15   aux chevaliers de la Table Ronde,
qui surpassent tous les chevaliers du monde[6].
Il a donné à tous femmes et terres,
sauf à un seul de ceux qui l'avaient servi :

---

5. La générosité, la *largesse*, est l'une des qualités essentielles de l'idéal
courtois. Dans la littérature romanesque du XIIe siècle, le héros qui l'incarne
le mieux est Alexandre le Grand (dans les romans consacrés à Alexandre
qui sont composés tout au long du Moyen Age).
6. La Table Ronde apparaît pour la première fois en 1155, dans le *Roman
de Brut* de Wace. « C'est pour les nobles seigneurs qui l'entouraient et qui
tous se croyaient meilleurs les uns que les autres — et l'on aurait eu bien
du mal à désigner le pire — qu'Arthur fit la Table Ronde, cette table sur
laquelle les Bretons racontent tant de fables. C'est là que prenaient place,
dans la plus parfaite égalité, les nobles seigneurs. [...] Tous siégeaient aux
places d'honneur, aucun ne se trouvait relégué à l'écart » (*La Geste du roi
Arthur,* trad. E. Baumgartner et I. Short, Paris, U.G.E. 10/18, 1993, p. 81).
La création de la Table Ronde est présentée comme destinée à éviter les
questions de préséance entre les chevaliers. Dans un roman en prose du
XIIIe siècle, *Merlin*, la Table Ronde rappelle à la fois la table de la Cène et
celle du Graal, établie par Joseph d'Arimathie : voir Robert de Boron, *Merlin*, trad. A. Micha, Paris, GF-Flammarion, 1994, p. 176.

Ceo fu Lanval ; ne l'en sovint,
20 ne nuls des soens bien ne li tint.
Pur sa valur, pur sa largesce,
pur sa bealté, pur sa pruësce
l'envioënt tuit li plusur ;
tels li mustrout semblant d'amur,
25 s'al chevalier mesavenist,
ja une feiz ne l'en pleinsist.
Fiz a rei fu, de halt parage,
mes luin ert de sun heritage.
De la maisniee le rei fu.
30 Tut sun aveir a despendu ;
kar li reis rien ne li dona,
ne Lanval ne li demanda.
Ore est Lanval mult entrepris,
mult est dolenz, mult est pensis.
35 Seignur, ne vus en merveilliez :
huem estranges, descunseilliez
mult est dolenz en altre terre,
quant il ne set u sucurs querre.

Li chevaliers dunt jeo vus di,
40 ki tant aveit le rei servi,
un jur munta sur sun destrier,
si s'est alez esbaneier.
Fors de la vile en est eissuz ;
tuz suls est en un pré venuz.
45 Sur une ewe curant descent ;
mes sis chevals tremble forment :
il le descengle, si s'en vait,
enmi le pré vultrer le fait.
Le pan de sun mantel plia
50 desuz sun chief, si se culcha.
Mult est pensis pur sa mesaise,

---

1. On a vu dans ces vers une allusion autobiographique de l'auteur,
Marie, originaire de France, c'est-à-dire l'Ile-de-France, ou le royaume de
France, exilée en Angleterre. Ils font également de Lanval un exclu destiné
à trouver le bonheur dans un autre monde, comme bien des héros de contes
merveilleux.

Lanval. Il l'a oublié
20 et aucun des hommes du roi n'a cherché à le défendre.
La plupart enviaient
sa valeur, sa générosité,
sa beauté, sa vaillance ;
certains, qui lui donnaient des marques d'amitié,
25 n'auraient pas songé à le plaindre
en cas de malheur.
Il était pourtant fils de roi, de noble naissance,
mais loin de ses biens héréditaires.
Appartenant à la suite du roi,
30 il a dépensé tout son bien :
le roi ne lui a rien donné
et Lanval ne lui a rien demandé.
Voilà Lanval bien embarrassé,
bien malheureux et bien soucieux.
35 N'en soyez pas surpris, seigneurs :
un étranger sans appui
est bien malheureux dans un autre pays,
quand il ne sait où trouver du secours[1].

Le chevalier dont je vous parle,
40 qui a si bien servi le roi,
monte un jour à cheval
pour se promener.
Il quitte la ville,
seul, parvient à une prairie,
45 met pied à terre au bord d'une rivière.
Mais son cheval tremble violemment ;
il le débarrasse de la bride et le laisse
se vautrer dans la prairie.[2]
Il plie son manteau
50 qu'il place sous sa tête pour se coucher[3].
Affligé de son malheur,

---

2. On retrouve ici l'un des principaux motifs des contes merveilleux :
l'éloignement, qui place le héros dans une situation d'attente et de disponibi-
lité à l'autre monde. Le tremblement du cheval participe de ces indices de
la féerie.
3. Cette notation relève du fantastique : le héros est-il éveillé ou endormi ? Les demoiselles lui apparaissent-elles en rêve ?

il ne veit chose ki li plaise.
La u il gist en tel maniere,
guarda a val lez la riviere,
55 si vit venir dous dameiseles ;
unc n'en ot veües plus beles.
Vestues furent richement
e laciees estreitement
en dous blialz de purpre bis ;
60 mult par aveient bels les vis.
L'einznee portout uns bacins
d'or esmeré, bien faiz e fins,
le veir vus en dirai senz faille ;
l'altre portout une tuaille.
65 Eles en sunt alees dreit
la u li chevaliers giseit.
Lanval, ki mult fu enseigniez,
cuntre eles s'est levez en piez.
Celes l'unt primes salué,
70 lur message li unt cunté.
« Sire Lanval, ma dameisele,
ki mult par est curteise e bele,
ele nus enveie pur vus :
kar i venez ensemble od nus !
75 Salvement vus i cunduiruns.
Veez, pres est sis paveilluns ! »
Li chevaliers od eles vait ;
de sun cheval ne tient nul plait,
ki devant lui pesseit el pré.
80 De si qu'al tref l'unt amené,
ki mult fu beals e bien asis.
La reïne Semiramis,
quant ele ot unkes plus aveir

---

1. Le bliaut est au XIIᵉ siècle la principale pièce du vêtement féminin, une longue tunique à manches.
2. Quelle est la signification de ces bassins d'or ? Dans les lais de *Graelent* et de *Guingamor*, qui utilisent le même conte, la fée est surprise au bain, comme la femme-cygne dont le héros vole la robe de plumes, l'empêchant de reprendre sa forme animale : les bassins sont peut-être liés à ce motif du bain. On y a vu également les préliminaires du repas que Lanval prendra plus tard avec la fée, ou encore une sorte de cérémonie lustrale

il ne voit autour de lui nulle raison raison d'espérer.
Ainsi allongé,
il regarde en bas, vers la rivière,
55 et voit venir deux demoiselles,
les plus belles qu'il ait jamais vues.
Elles étaient somptueusement vêtues
de robes de pourpre sombre [1]
qui épousaient étroitement leur corps,
60 et leur visage était d'une merveilleuse beauté.
L'aînée portait deux bassins
d'or pur d'un merveilleux travail
et l'autre, je vous dis la vérité,
portait une serviette [2].
65 Elles viennent tout droit
au chevalier étendu sur le sol.
Lanval, en homme courtois,
se lève pour les accueillir.
Elles le saluent
70 puis lui transmettent leur message :
« Seigneur Lanval, notre maîtresse,
qui est si courtoise et si belle,
nous envoie à vous :
suivez-nous donc !
75 Nous vous mènerons à elle sans encombre :
voyez, son pavillon est tout proche [3] ! »
Le chevalier les suit
sans se soucier de son cheval
qui mange devant lui l'herbe du pré.
80 Elles l'amènent à la tente,
merveilleusement belle.
Ni la reine Sémiramis [4],
au faîte de la richesse,

---

avant l'entrée dans l'autre monde. Ce nouvel élément de mystère renforce
le fantastique de la scène.
 3. Le premier terme employé par Marie de France, *pavillon*, désigne habi-
tuellement une tente de forme conique terminée en pointe ; le second, *tref*,
une tente en forme de parallélogramme terminé par un faîtage horizontal. La
tente est carrée. La distinction entre les différents termes tend ici à s'effacer.
 4. Sémiramis, reine mythique d'Assyrie réputée pour son faste, aurait
créé les jardins suspendus de Babylone.

pont na desm en sa douleur
En tel estat cheuaucha tant
que forment ala approchant
la fontaine de soif Jolie
quon dit qui vint desarve
triste et las droit la sadresse
son cheual parmy une sente adresse
car le cheual partout alout

et ca et la ou il vouloit
pour et quanoit lasrne la resne
a celle fontaine le mesme
pardeuant passe appertement
oncques ny fist arrestement
Son cheual vistement lemporte
mais ades il se desconforte

Lors estoict dessus la fontaine
qui tant estort et clere et sarne
trois dames de grant seignourie
mais au passer ne les dit mie
tant et la pensee doulente
Adont parla toute la plus gente
la plus comte et la plus Jolie
disant oncques ne vis en ma vie
et fust au soir et au matin
gentil homme passer chemin
deuant dames sans saluer

Je vueil aler a lui parler
A lui sen vont sa resne pint
et plus appertement lui dist
par dieu vassaulx ne monstrez mie
que soies de noble lignie
quant deuat nous trois passes
et sans mot dire oultre trespasses
et nest point fait de gentillesse
Celui qui douleur forment blesse
tressaulte et la dame apperceoit
lors cuide que fantosme soit

La rencontre du héros et de la fée :
Raimondin rencontre trois fées à la Fontaine de Soif Jolie
(Coudrette, *Le Roman de Mélusine*,
Manuscrit Bibliothèque nationale, français 24383, folio 5v°).

Le pavillon de Dame Espérance
dans le *Livre du Cœur d'Amour épris* de René d'Anjou
(Manuscrit Vienne, Bibliothèque nationale, Vind. 2597, folio 5 v°).

e plus puissance e plus saveir,
85 ne l'emperere Octovian
n'eslijassent le destre pan.
Un aigle d'or ot desus mis ;
de cel ne sai dire le pris
ne des cordes ne des pessuns
90 ki del tref tienent les giruns :
suz ciel n'a rei kis eslijast
pur nul aveir qu'il i donast.
Dedenz cel tref fu la pucele.
Flur de lis e rose nuvele,
95 quant ele pert el tens d'esté,
trespassot ele de bealté.
Ele jut sur un lit mult bel
(li drap valeient un chastel)
en sa chemise senglement.
100 Mult ot le cors bien fait e gent.
Un chier mantel de blanc hermine,
covert de purpre Alexandrine,
ot pur le chalt sur li geté ;
tut ot descovert le costé,
105 le vis, le col e la peitrine :
plus ert blanche que flurs d'espine.

Li chevaliers avant ala,
e la pucele l'apela.
Il s'est devant le lit asis.
110 « Lanval, fet ele, bels amis,
pur vus vinc jeo fors de ma terre ;
de luinz vus sui venue querre.
Se vus estes pruz e curteis,
emperere ne quens ne reis
115 n'ot unkes tant joie ne bien ;
kar jo vus aim sur tute rien. »
Il l'esguarda, si la vit bele ;
amurs le puint de l'estencele,

---

1. Octave Auguste, empereur romain (63 av. J.-C.-14 ap. J.-C.).
2. Nouvel indice fantastique : l'anonymat de la belle inconnue, et la neutralité des substantifs qui la désignent : la jeune fille, la demoiselle, l'amie de Lanval. Jamais le mot *fée* ne sera prononcé.

de la puissance et de la sagesse,
85 ni l'empereur Auguste[1]
n'auraient pu en acheter le pan droit.
Au sommet, un aigle d'or
dont je ne peux dire la valeur,
pas plus que celle des cordes et des piquets
90 qui soutiennent les pans :
nul roi au monde n'aurait pu les acheter,
à quelque prix que ce fût.
Dans ce pavillon, la jeune fille[2] :
la fleur de lis et la rose nouvelle,
95 fraîche éclose au printemps,
pâlissaient devant sa beauté.
Etendue sur un lit superbe
dont les draps valaient le prix d'un château,
elle ne portait que sa chemise
100 sur son corps plein de grâce.
Elle avait jeté sur elle, pour avoir chaud,
un précieux manteau de pourpre d'Alexandrie,
doublé d'hermine blanche[3].
Mais son flanc était découvert,
105 comme son visage, son cou et sa poitrine,
plus blancs que l'aubépine.

Le chevalier s'avance
jusqu'au lit
et la jeune fille lui dit :
110 « Lanval, mon ami,
c'est pour vous que j'ai quitté ma terre :
je suis venue de loin pour vous chercher.
Si vous vous montrez valeureux et courtois,
ni empereur, ni comte, ni roi
115 ne pourront prétendre à votre bonheur,
car je vous aime plus que tout. »
Il la contemple et la voit dans toute sa beauté :
l'amour le pique alors d'une étincelle

---

3. La *chemise* est une tunique qui sert de sous-vêtement ; le *mantel* est au contraire un vêtement de cour, une sorte de cape d'apparat portée sur le vêtement principal (le bliaut pour les femmes au XIIᵉ siècle) : la fée est donc à demi dévêtue.

ki sun quer alume e esprent.

120　Il li respunt avenantment.
　　« Bele, fet il, se vus plaiseit
　　e cele joie m'aveneit
　　que vus me volsissiez amer,
　　ne savriëz rien comander

125　que jeo ne face a mun poeir,
　　turt a folie u a saveir.
　　Jeo ferai voz comandemenz ;
　　pur vus guerpirai tutes genz.
　　Ja mes ne quier de vus partir :

130　ceo est la riens que plus desir. »
　　Quant la pucele oï parler
　　celui ki tant la pout amer,
　　s'amur e sun cuer li otreie.
　　Ore est Lanval en dreite veie !

135　Un dun li a duné aprés :
　　ja cele rien ne vuldra mes
　　que il nen ait a sun talent ;
　　doinst e despende largement,
　　ele li trovera asez.

140　Ore est Lanval bien assenez :
　　cum plus despendra richement,
　　e plus avra or e argent.
　　« Amis, fet ele, or vus chasti,
　　si vus comant e si vus pri :

145　ne vus descovrez a nul hume !
　　De ceo vus dirai jeo la sume :
　　a tuz jurs m'avriëz perdue,
　　se ceste amurs esteit seüe ;
　　mes ne me purriëz veeir

150　ne de mun cors saisine aveir. »
　　Il li respunt que bien tendra
　　ceo qu'ele li comandera.

---

1. L'image des flammes de l'amour, comme celle de la flèche décochée par le dieu Amour, est issue de la poésie ovidienne, dont l'influence s'affirme dans toute la littérature du XIIᵉ siècle.

2. Ce motif de l'interdit est caractéristique des contes mélusiniens, qui présentent l'union d'un mortel et d'un être surnaturel. Tous les interdits visent à préserver le secret sur cette union interdite parce qu'elle établit une

qui enflamme et embrase son cœur[1].

120 Il lui répond gracieusement :
« Belle, s'il vous plaisait
de m'aimer
et si je pouvais avoir cette joie,
je ferais tout ce que je pourrais
125 pour vous obéir,
sagesse ou folie.
J'obéirai à vos ordres,
j'abandonnerai tout le monde pour vous,
je ne veux plus jamais vous quitter
130 et ne désire plus rien au monde que votre présence ! »
La jeune fille, en écoutant
celui qui l'aime tant,
lui accorde son cœur et son amour.
Voilà Lanval bien heureux !
135 Puis elle lui fait un don :
il aura désormais
tout ce qu'il pourra désirer.
Qu'il donne et dépense largement,
elle lui procurera tout l'argent nécessaire.
140 Voilà Lanval bien pourvu !
Plus il se répandra en largesses,
plus il aura d'or et d'argent !
« Ami, dit-elle, je vous mets en garde
et je vous adresse à la fois un ordre et une prière :
145 ne vous confiez à personne !
Je vais vous expliquer pourquoi :
si l'on apprenait notre amour,
vous me perdriez à jamais,
vous ne pourriez plus jamais me voir
150 ni me tenir dans vos bras[2] ! »
Lanval lui répond qu'il respectera
scrupuleusement ses ordres.

---

communication entre deux mondes qui doivent demeurer irréductiblement
séparés. De même la fée Mélusine, dans les deux romans français composés
vers 1400, interdit à son époux humain de la voir le samedi, jour où elle se
métamorphose en serpente ; dans la légende du chevalier au cygne (que l'on
retrouve dans le *Lohengrin* de Wagner), le héros, homme fée, interdit à son
épouse humaine de lui demander son nom.

Delez li s'est el lit culchiez :
ore est Lanval bien herbergiez
155 ensemble od li. La relevee
demura jusqu'a la vespree,
e plus i fust, se il poïst
e s'amie li cunsentist.
« Amis, fet ele, levez sus !
160 Vus n'i poëz demurer plus.
Alez vus en ; jeo remeindrai.
Mes une chose vus dirai :
quant vus voldrez a mei parler,
ja ne savrez cel liu penser,
165 U nuls peüst aveir s'amie
senz repruece e senz vileinie,
que jeo ne vus seie en present
a faire tut vostre talent ;
nuls huem fors vus ne me verra
170 ne ma parole nen orra. »
Quant il l'oï, mult en fu liez ;
il la baise, puis s'est dresciez.
Celes ki al tref l'amenerent
de riches dras le cunreerent.
175 Quant il fu vestuz de nuvel,
suz ciel nen ot plus bel dancel ;
n'esteit mie fols ne vileins.
L'ewe li donent a ses meins
e la tuaille a essuier ;
180 puis li aportent a mangier.
Od s'amie prist le super ;
ne faiseit mie a refuser.
Mult fu serviz curteisement,
e il a grant joie le prent.
185 Un entremés i ot plenier,
ki mult plaiseit al chevalier :
kar s'amie baisout sovent
e acolot estreitement.

Quant del mangier furent levé,
190 sun cheval li unt amené.

---

1. Il s'agit là d'un rituel du repas : on apporte aux convives, avant et
après le repas, de l'eau pour se laver les mains et une serviette pour les

32

Il se couche auprès d'elle dans le lit :
voilà Lanval bien logé !
155 Il y est demeuré tout l'après-midi,
jusqu'au soir,
et serait bien resté plus longtemps s'il avait pu
et si son amie le lui avait permis.
« Ami, dit-elle, levez-vous !
160 Vous ne pouvez demeurer ici davantage.
Allez-vous en et laissez-moi !
Mais je vais vous dire une chose :
quand vous voudrez me parler,
pourvu que vous ayez à l'esprit
165 un lieu où l'on peut rencontrer son amie
sans honte et sans scandale,
j'y serai aussitôt,
prête à répondre à votre désir.
Vous serez le seul à me voir
170 et à entendre mes paroles. »
Tout heureux de ces promesses,
il l'embrasse et se lève.
Les demoiselles qui l'ont amené au pavillon
l'habillent de riches vêtements.
175 Ainsi vêtu de neuf,
il n'est pas plus bel homme dans le monde entier.
Et sa conduite n'est pas celle d'un fou ni d'un rustre.
Elles lui présentent l'eau pour se laver les mains
et la serviette pour les essuyer[1] ;
180 puis il partage avec son amie
le repas du soir, qu'elles apportent :
il n'est certes pas à dédaigner.
Le service est raffiné
et Lanval dîne de bon cœur.
185 Il y a un divertissement de choix
que le chevalier goûte fort :
il ne cesse d'embrasser son amie
et de la serrer dans ses bras.

Au lever de table,
190 on lui amène son cheval

---

essuyer. Les convives ne disposaient à table que d'un couteau, la fourchette,
d'origine italienne, n'apparaissant qu'à la fin du Moyen Age.

trienez sa loyal dame a tous les iours de vie bie
Et puis si lares fait plus riche q̃ se vo⁹ li auiez
comme tour le monde . Comẽtⁱⁱⁱ . lancelot baisa

la royne ermeuur la premiere fois.

mst fait elle loctroy ie que bien
que il soit tout mnen et ie toute
sienne et que par vous soient
amendes tous les mesfais et
les trespas des couuenances .
Dame fait galaot gⁱⁱ̃t merus
mais ore y comuent commcement de seurte
vous nen deuseres la chose fait elle que ie ne

Le premier baiser de Lancelot et de la reine Guenièvre
(Manuscrit Bibliothèque nationale, français 118, folio 219 v°).

La bataille d'Hastings (1066) : Guillaume le Conquérant, duc
de Normandie, devient roi d'Angleterre (Tapisserie de Bayeux).

Bien li ourent la sele mise ;
mult a trové riche servise.
Il prent cungié, si est muntez,
vers la cité en est alez.
195 Suvent reguarde ariere sei.
Mult est Lanval en grant esfrei ;
de s'aventure vait pensant
e en sun curage dotant.
Esbaïz est, ne set que creire ;
200 il ne la quide mie a veire.
Il est a sun ostel venuz ;
ses humes trueve bien vestuz.
Icele nuit bon ostel tint ;
mes nuls ne sot dunt ceo li vint.
205 N'ot en la vile chevalier
ki de surjur ait grant mestier,
que il ne face a lui venir
e richement e bien servir.
Lanval donout les riches duns,
210 Lanval aquitout les prisuns,
Lanval vesteit les jugleürs,
Lanval faiseit les granz honurs,
Lanval despendeit largement,
Lanval donout or e argent :
215 n'i ot estrange ne privé
a qui Lanval n'eüst doné.
Mult ot Lanval joie e deduit :
u seit par jur u seit par nuit,
s'amie puet veeir sovent,
220 tut est a sun comandement.

Ceo m'est a vis, meïsmes l'an
aprés la feste Seint Johan,
de si qu'a trente chevalier
s'erent alé esbaneier
225 en un vergier desuz la tur

---

1. *Jongleur* (du latin *joculatorem*) désigne en ancien français tous ceux qui font profession de distraire les autres : jongleurs au sens moderne, mais aussi acrobates, musiciens, poètes.

tout sellé :
le service est toujours aussi parfait.
Il prend congé, monte à cheval
pour regagner la cité.
195 Mais il ne cesse de regarder derrière lui.
Lanval, tout troublé,
songe à son aventure :
plein de doute,
abasourdi, il ne sait que penser
200 et n'ose croire que tout cela est vrai.
Mais de retour dans son logis,
il trouve ses hommes richement vêtus.
Il tient cette nuit-là bonne table
mais nul ne sait d'où lui vient sa fortune.
205 Dans la ville, il n'est chevalier
dans le besoin
qu'il ne fasse venir chez lui
pour mettre sa richesse à son service.
Lanval distribue de riches dons ;
210 Lanval paie les rançons des prisonniers ;
Lanval habille les jongleurs[1] ;
Lanval prodigue les honneurs ;
Lanval multiplie les largesses ;
Lanval donne or et argent :
215 étrangers ou gens du pays,
tous ont reçu un don de lui[2].
Lanval vit dans la joie et le plaisir :
jour et nuit,
il peut voir souvent son amie,
220 prête à répondre à son appel.

La même année, je crois,
après la fête de la Saint-Jean,
une trentaine de chevaliers
se distrayaient
225 dans un jardin, au pied de la tour

---

2. Comme le roi Arthur au début du récit, Lanval, en chevalier courtois,
se doit de pratiquer la largesse et de distribuer à profusion ses nouvelles
richesses : l'avarice est le fait du vilain, le non-noble.

u la reïne ert a surjur.
Ensemble od els esteit Walwains
e sis cusins, li beals Ywains.
Ceo dist Walwains, li frans, li pruz,
230 ki tant se fist amer a tuz :
« Par Deu, seignur, nus faimes mal
de nostre cumpaignun Lanval,
ki tant est larges e curteis
e sis pere est si riches reis,
235 que nus ne l'avum amené. »
A tant sunt ariere turné.
A sun ostel revunt ariere,
Lanval ameinent par preiere.

A une fenestre entailliee
240 s'esteit la reïne apuiee ;
treis dames ot ensemble od li.
La maisniee le rei choisi ;
Lanval conut e esguarda.
Une des dames apela ;
245 par li manda ses dameiseles,
les plus quointes e les plus beles,
od li s'irrunt esbaneier
la u cil erent el vergier.
Trente en mena od li e plus ;
250 par les degrez descendent jus.
Li chevalier encuntre vunt,
ki pur eles grant joie funt.
Il les unt prises par les mains :
cil parlemenz n'ert pas vilains.
255 Lanval s'en vait a une part,
luin des altres. Mult li est tart
que s'amie puisse tenir,
baisier, acoler e sentir ;
l'altrui joie prise petit,
260 se il ne ra le suen delit.

---

1. Gauvain, neveu du roi Arthur, est son double positif, face à Keu le
sénéchal, le double négatif du roi. Il est l'incarnation de l'idéal courtois.
Chrétien de Troyes en fait comme Marie, dans tous ses romans, l'ami du
héros.

38

où logeait la reine.
Il y avait parmi eux Gauvain [1]
et son cousin, le bel Yvain [2].
Le noble et vaillant Gauvain,
230 qui avait su gagner l'estime de tous,
dit alors : « Par Dieu, seigneurs, nous avons mal agi
envers notre compagnon Lanval,
qui est si généreux et courtois,
et fils d'un roi puissant,
235 en oubliant de l'amener avec nous ».
Ils retournent donc sur leurs pas,
jusqu'au logis de Lanval,
qu'ils emmènent avec eux à force de prières [3].

A une fenêtre sculptée
240 la reine était accoudée,
accompagnée de trois dames.
Elle aperçoit la suite du roi,
reconnaît Lanval et l'observe.
Elle envoie l'une des dames
245 chercher ses suivantes,
les plus gracieuses et les plus belles,
pour aller se distraire
dans le jardin avec les chevaliers.
Elle en amène plus de trente avec elle,
250 en bas des escaliers.
Les chevaliers viennent à leur rencontre,
tout joyeux de les voir,
et les prennent par la main :
c'est une courtoise assemblée.
255 Mais Lanval reste à l'écart,
loin des autres. Il a hâte
d'être avec son amie,
de l'embrasser, de la serrer contre lui ;
la joie des autres ne l'intéresse guère,
260 puisque lui-même n'a pas l'objet de son désir.

---

2. Yvain est le héros de l'un des romans de Chrétien de Troyes, *Le Chevalier au lion.*
3. Malgré la richesse qui lui permettrait de retrouver son rang à la cour, Lanval demeure différent des autres et s'exclut volontairement de la cour, comme s'il n'appartenait pas au même monde et demeurait un étranger.

Quant la reïne sul le veit,
al chevalier en va tut dreit.
Lez lui s'asist, si l'apela,
tut sun curage li mustra.
265 « Lanval, mult vus ai honuré
e mult cheri e mult amé.
Tute m'amur poëz aveir :
kar me dites vostre voleir !
Ma druërie vus otrei ;
270 mult devez estre liez de mei !
— Dame, fet il, laissiez m'ester !
Jeo n'ai cure de vus amer.
Lungement ai servi le rei,
ne li vueil pas mentir ma fei.
275 Ja pur vus ne pur vostre amur
ne mesferai a mun seignur ! »
La reïne se curuça,
iriee fu, si mesparla.
« Lanval, fet ele, bien le quit,
280 vus n'amez guaires tel deduit.
Asez le m'a hum dit sovent,
que de femme n'avez talent.
Vaslez amez bien afaitiez,
ensemble od els vus deduiez.
285 Vileins cuarz, malvais failliz,
mult est mis sire malbailliz
ki pres de lui vus a sufert,
mun esciënt que Deu en pert ! »

Quant il l'oï, mult fu dolenz.
290 Del respundre ne fu pas lenz ;
tel chose dist par maltalent,
dunt il se repenti sovent.
« Dame, dist il, de cel mestier
ne me sai jeo niënt aidier.
295 Mes jo aim e si sui amis
cele ki deit aveir le pris

1. La reine joue clairement ici le rôle de l'agresseur des contes populaires,
l'ennemi du héros. En l'accusant d'homosexualité, elle prononce la seule
parole capable de lui faire trahir son secret. Ce personnage de reine
luxurieuse s'accorde mal avec celui de la courtoise reine Guenièvre des

Quand le reine le voit seul,
elle va tout droit vers lui,
s'assied à ses côtés, lui parle
pour lui révéler le secret de son cœur :
265 « Lanval, depuis longtemps je vous honore,
je vous chéris et je vous aime ;
vous pouvez avoir tout mon amour :
dites-moi donc votre sentiment !
Je me donne à vous :
270 vous devez être content de moi !
— Dame, répond Lanval, laissez-moi en paix !
Je ne songe guère à vous aimer.
Je sers le roi depuis longtemps
et je ne veux pas lui être déloyal.
275 Ni pour vous ni pour votre amour
je ne trahirai mon seigneur ! »
Furieuse et déçue,
la reine s'emporte :
« Lanval, dit-elle, je crois bien
280 que vous ne goûtez pas ce genre de plaisir.
On m'a dit bien souvent
que vous ne vous intéressiez pas aux femmes.
Vous préférez prendre votre plaisir
avec de beaux jeunes gens !
285 Misérable lâche, chevalier indigne,
mon époux a bien tort
de vous souffrir auprès de lui :
je crois qu'il en perd son salut ! [1] »

Ulcéré par ces propos,
290 Lanval répondit sans tarder.
Mais la colère lui fit prononcer des paroles
dont il devait souvent se repentir :
« Dame, dit-il, je ne sais rien
de ce genre de pratique.
295 Mais j'aime et je suis aimé
d'une femme qui doit l'emporter

_____

romans bretons. c'est que le cadre arthurien est une invention de marie. Dans les lais parallèles de *Graelent* et de *Guingamor*, il n'est jamais question du roi Arthur mais d'un roi de Bretagne anonyme.

sur tutes celes que jeo sai.
E une chose vus dirai :
bien le saciez a descovert,
300 qu'une de celes ki la sert,
tute la plus povre meschine,
valt mielz de vus, dame reïne,
de cors, de vis e de bealté,
d'enseignement e de bunté. »
305 La reïne s'en part a tant ;
en sa chambre s'en vait plurant.
Mult fu dolente e curuciee
de ceo qu'il l'out si avilliee.
En sun lit malade culcha ;
310 ja mes, ceo dit, n'en levera,
se li reis ne li faiseit dreit
de ceo dunt ele se pleindreit.

Li reis fu de bois repairiez,
mult out esté le jur haitiez.
315 Es chambres la reïne entra.
Quant el le vit, si se clama,
as piez li chiet, merci li crie
e dit que Lanval l'a hunie :
de druërie la requist ;
320 pur ceo qu'ele l'en escundist,
mult la laidi e avilla :
de tel amie se vanta,
ki tant ert cuinte e noble e fiere
que mielz valeit sa chamberiere,
325 la plus povre ki la serveit,
que la reïne ne faiseit.
Li reis s'en curuça forment ;
juré en a sun sairement :
s'il ne s'en puet en curt defendre,
330 il le fera ardeir u pendre.
Fors de la chambre eissi li reis ;
de ses baruns apela treis,
il les enveie pur Lanval,

---

1. On retrouve ici le motif folklorique de la femme de Putiphar. Dans la
Genèse (39, 7-20), Joseph, esclave de Putiphar, un officier de Pharaon,

sur toutes celles que je connais.
Bien plus,
apprenez sans détours
300 que la moindre de ses servantes,
la plus humble,
vous est supérieure, madame la reine,
pour le corps, le visage et la beauté,
la courtoisie et la bonté ! »
305 La reine s'éloigne alors
et s'en va pleurer dans sa chambre,
désolée et furieuse
de se voir ainsi humiliée.
Elle se met au lit, malade,
310 et déclare qu'elle ne se lèvera pas
avant d'avoir obtenu justice du roi
sur sa plainte.

Le roi revenait de la chasse
après une journée très joyeuse.
315 Quand la reine le voit entrer dans sa chambre,
elle lui adresse sa plainte,
se jette à ses pieds, implore sa pitié
et déclare que Lanval l'a déshonorée :
il a sollicité son amour
320 et, devant son refus,
l'a insultée et humiliée [1].
Il s'est vanté d'avoir une amie
si gracieuse, si noble et si fière
que la plus humble
325 de ses chambrières
vaut mieux que la reine.
Le roi, furieux,
prête le serment
que si Lanval ne peut se justifier devant la cour,
330 il sera brûlé ou pendu.
Puis il sort de la chambre,
appelle trois barons
et les envoie chercher Lanval,

---

repousse les avances de la femme de son maître. Celle-ci l'accuse de viol et
le fait emprisonner.

ki asez a dolur e mal.
335 A sun ostel fu revenuz ;
ja s'esteit bien aparceüz
qu'il aveit perdue s'amie :
descoverte ot la druërie.
En une chambre fu tuz sous,
340 pensis esteit e anguissous.
S'amie apele mult sovent,
mes ceo ne li valut niënt.
Il se pleigneit e suspirot,
d'ures en altres se pasmot ;
345 puis li crie cent feiz merci,
qu'ele parolt a sun ami.
Sun quer e sa buche maldit ;
c'est merveille qu'il ne s'ocit.
Il ne set tant criër ne braire
350 ne debatre ne sei detraire,
qu'ele en vueille merci aveir
sul tant qu'il la puisse veeir.
A las, cument se cuntendra !

Cil que li reis i enveia
355 i sunt venu, si li unt dit
qu'a la curt vienge senz respit ;
li reis l'aveit par els mandé,
la reïne l'a encusé.
Lanval i vet a sun grant doel,
360 il l'eüssent ocis sun voel.
Il est devant le rei venuz.
Mult fu pensis, taisanz e muz ;
de grant dolur mustre semblant.
Li reis li dist par maltalant :

---

1. Dans tous les contes mélusiniens, la violation du pacte provoque la
disparition de la fée. Mélusine se transforme définitivement en serpente ailée
et vient s'abattre sur les tours du château de Lusignan. Le chevalier au cygne
révèle son lignage surnaturel ; le cygne qui l'a amené sur les eaux du Rhin
réapparaît avec sa nacelle et emporte le héros à jamais.
2. Le déroulement du procès est conforme à la procédure du XIIᵉ siècle.
A la suite de la plainte de la reine, le roi cite Lanval à comparaître. L'accusation est double : Lanval aurait déshonoré le roi en cherchant à séduire la
reine puis aurait insulté celle-ci en se vantant de la beauté de son amie
(vv. 365-372). Lanval se défend en reprenant les accusations terme à terme

qui a déjà bien assez de chagrin et de malheur.
335 De retour dans son logis,
il s'est déjà aperçu
qu'il a perdu son amie
pour avoir révélé leur amour[1].
Seul dans une chambre,
340 soucieux et angoissé,
il ne cesse d'appeler son amie,
mais en vain.
Il se plaint, il soupire,
tombe évanoui à plusieurs reprises.
345 Puis il implore sa pitié,
la supplie de parler à son ami,
maudit son cœur et sa bouche :
c'est merveille qu'il ne se tue pas !
Mais il a beau crier, pleurer,
350 se débattre et se tourmenter,
elle refuse d'avoir pitié de lui
en lui permettant ne serait-ce que de la voir.
Hélas, que va-t-il devenir ?

Les envoyés du roi
355 viennent lui dire
de se présenter sans délai à la cour :
ils sont là sur l'ordre du roi
car la reine l'a accusé[2].
Lanval se rend donc à la cour, accablé :
360 il aurait voulu persuader ses compagnons de le mettre
Devant le roi,   [à mort.
il reste triste et silencieux,
présente tous les signes d'une profonde douleur.
Le roi lui dit avec colère :

(vv. 373-382). Il réfute la première accusation mais reconnaît le bien fondé
de la seconde. Le roi confie le jugement à ses hommes qui décident de
renvoyer l'affaire devant une cour renforcée ; en attendant, il sera cautionné
par Gauvain et ses compagnons (vv. 382-416).
Le jour du procès venu, les cautions remettent l'accusé à la cour. On rappelle
la plainte et la défense. La cour demande à Lanval, en réponse à la première
accusation, de prêter le serment qu'il n'a jamais attenté à l'honneur de son
seigneur. Quant à la seconde accusation, il lui faut produire un garant pour
attester la véracité de ses dires : c'est-à-dire son amie elle-même (vv. 417-
462).

365 « Vassal, vus m'avez mult mesfait !
Trop començastes vilein plait
de mei hunir e avillier
e la reïne laidengier.
Vantez vus estes de folie !
370 Trop par est noble vostre amie,
quant plus est bele sa meschine
e plus vaillanz que la reïne. »

Lanval defent la deshonur
e la hunte de sun seignur
375 de mot en mot si cum il dist,
que la reïne ne requist ;
mes de ceo dunt il ot parlé
reconut il la verité,
de l'amur dunt il se vanta ;
380 dolenz en est, perdue l'a.
De ceo lur dit que il fera
quan que la curz esguardera.
Li reis fu mult vers lui iriez.
Tuz ses humes a enveiez,
385 pur dire dreit qu'il en deit faire,
qu'um ne li puisse a mal retraire.
Cil unt sun comandement fait :
u els seit bel, u els seit lait,
comunement i sunt alé,
390 si unt jugié e esguardé
que Lanval deit aveir un jur,
mes pleges truisse a sun seignur,
qu'il atendra sun jugement
e revendra en sun present ;
395 si sera la curz enforciee,
kar dunc n'i ot fors sa maisniee.

_____

1. Ce terme rappelle le lien qui unit Lanval et le roi. En commettant un crime contre son seigneur, Lanval a rompu le lien vassalique.
2. La faute de Lanval est double. Dans l'optique du conte merveilleux, il a violé le tabou du secret sur lequel reposait son union avec la fée, tout comme Raimondin quand il surprend le secret de Mélusine, qui se métamorphose en serpente le samedi. Mais Marie de France introduit dans ses contes les thèmes de la littérature courtoise de son temps : selon la doctrine courtoise qui s'élabore au XIIᵉ siècle dans la poésie des troubadours (au Sud) et des trouvères (au Nord), l'amant doit garder le secret sur son amour et ne

365 « Vassal, vous m'avez fait grand tort [1] !
Vous vous êtes lancé dans une bien vilaine affaire
en voulant me déshonorer, m'avilir
et insulter la reine !
Vous vous êtes follement vanté !
370 Elle est bien noble, votre amie,
si sa servante est plus belle
et plus estimable que la reine ! »

Lanval se défend d'avoir voulu le déshonneur
et la honte de son seigneur,
375 comme l'en accuse le roi,
car il n'a pas sollicité l'amour de la reine.
Mais en ce qui concerne ses propres paroles,
il reconnaît
qu'il s'est vanté de son amour :
380 il le regrette bien car il a ainsi perdu son amie [2].
Sur ce point il accepte d'avance
toutes les décisions de la cour.
Le roi, furieux contre lui,
convoque tous ses hommes
385 pour qu'ils décident de la conduite à tenir :
il ne veut pas encourir de reproches.
Les vassaux obéissent,
de bon gré ou à contrecœur,
et se rendent tous à la cour.
390 Ils jugent et décident
que Lanval doit être ajourné à comparaître,
pourvu qu'il laisse à son seigneur des garants
qui attesteront qu'il attendra d'être jugé
et reviendra se présenter à ses juges.
395 La cour sera alors renforcée,
car elle ne comprend pour l'instant que la maison du roi.

---

jamais s'en vanter. Lanval a donc commis une faute contre la morale courtoise. Une nouvelle du XIIIᵉ siècle, *La Châtelaine de Vergy*, reproduit d'ailleurs l'histoire de *Lanval*, le merveilleux en moins. La dame de Vergy a
accordé son amour à un chevalier en lui imposant de garder le secret. La
duchesse de Bourgogne s'éprend du chevalier, qui la repousse, et le calomnie
auprès de son époux. Accusé par le duc, le chevalier se disculpe en avouant
sa liaison avec la dame de Vergy. Celle-ci mourra de douleur et son amant
se tuera sur son corps (*La Châtelaine de Vergy*, éd. J. Dufournet et L. Dulac,
Gallimard, coll. Folio, 1994).

Al rei revienent li barun,
si li mustrerent la raisun.
Li reis a pleges demandez.
400 Lanval fu suls e esguarez,
n'i aveit parent ne ami.
Walwains i vait, ki l'a plevi,
e tuit si cumpaignun aprés.
Li reis lur dit : « E jol vus les
405 sur quan que vus tenez de mei,
terres e fieus, chescuns par sei. »
Quant pleviz fu, dunc n'i ot el.
Alez s'en est a sun ostel.
Li chevalier l'unt conveié ;
410 mult l'unt blasmé e chastïé
qu'il ne face si grant dolur,
e maldïënt si fole amur.
Chescun jur l'aloënt veeir
pur ceo qu'il voleient saveir
415 u il beüst, u il manjast ;
mult dotouent qu'il s'afolast.

Al jur que cil orent numé,
li barun furent asemblé.
Li reis e la reïne i fu,
420 e li plege unt Lanval rendu.
Mult furent tuit pur lui dolent ;
jeo quid qu'il en i ot tels cent
ki feïssent tut lur poeir
pur lui senz plait delivre aveir ;
425 il ert retez a mult grant tort.
Li reis demande le recort
sulunc le cleim e les respuns :
ore est trestut sur les baruns.
Il sunt al jugement alé ;
430 mult sunt pensif e esguaré
del franc hume d'altre païs,
ki entre els ert si entrepris.
Encumbrer le vuelent plusur

48

Puis les barons reviennent auprès du roi
et lui exposent la procédure
Le roi demande donc des garants[1].
400 Mais Lanval, seul et sans ressources,
n'a ni parent ni ami.
Alors Gauvain s'avance, accepte d'être son garant,
suivi de tous ses compagnons.
Le roi leur dit : « J'accepte votre garantie
405 sur toutes les terres et les fiefs
que chacun de vous tient de moi. »
Les cautions reçues, il ne reste plus à Lanval
qu'à rentrer chez lui.
Les chevaliers l'accompagnent,
410 le blâmant fort
de s'abandonner à une telle douleur,
et maudissant son fol amour.
Chaque jour ils lui rendent visite
pour voir
415 s'il mange et s'il boit :
ils craignent qu'il ne se rende malade.

Au jour fixé,
les barons se rassemblent.
Le roi et la reine sont présents
420 et les garants remettent Lanval à ses juges.
Ils sont tous désolés pour lui
et il y en a bien cent, je crois,
qui feraient tout ce qui est en leur pouvoir
pour le libérer sans procès ;
425 car il est accusé injustement.
Le roi demande que l'on rappelle les termes
de la plainte et de la défense :
tout dépend maintenant des barons,
qui se sont rendus au jugement,
430 soucieux et troublés
par la terrible situation
de ce noble étranger.
Beaucoup veulent sa perte

---

1. Ces garants ou cautions s'engagent à ramener l'accusé devant ses juges
le jour du procès et engagent leur responsabilité sur leurs biens et sur leur
vie.

pur la volenté lur seignur.
435 Ceo dist li dus de Cornuaille :
« Ja endreit nus n'i avra faille ;
kar ki qu'en plurt ne ki qu'en chant,
le dreit estuet aler avant.
Li reis parla vers sun vassal,
440 que jo vus oi numer Lanval ;
de felunie le reta
e d'un mesdit l'achaisuna
d'une amur dunt il se vanta,
e madame s'en curuça.
445 Nuls ne l'apele fors le rei :
par cele fei que jeo vus dei,
ki bien en vuelt dire le veir,
ja n'i deüst respuns aveir,
se pur ceo nun qu'a sun seignur
450 deit um par tut porter honur.
Un sairement l'en guagera,
e li reis le nus pardurra.
E s'il puet aveir sun guarant
e s'amie venist avant
455 e ceo fust veirs que il en dist,
dunt la reïne se marrist,
de ceo avra il bien merci,
quant pur vilté nel dist de li.
E s'il ne puet guarant aveir,
460 ceo li devum faire saveir :
tut sun servise pert del rei,
e sil deit cungeer de sei. »
Al chevalier unt enveié,
e si li unt dit e nuncié
465 que s'amie face venir
pur lui tenser e guarentir.
Il lur a dit qu'il ne porreit :
ja par li sucurs nen avreit.
Cil s'en revunt as jugeürs,
470 ki n'i atendent nul sucurs.
Li reis les hastot durement
pur la reïne kis atent.

pour complaire à leur seigneur.
435 Mais le duc de Cornouaille déclare :
« Nul d'entre nous ne manquera à son devoir.
Car le droit doit l'emporter,
que cela plaise ou non.
Le roi a porté plainte contre son vassal,
440 que je vous ai entendus nommer Lanval.
Il l'a accusé de félonie [1]
mais aussi de mensonge,
à propos de l'amour dont il s'est vanté,
encourant ainsi la colère de la reine.
445 Le roi seul l'accuse.
Par la foi que je vous dois,
il n'aurait pas dû, à dire vrai,
porter plainte,
n'était qu'un vassal doit toujours
450 honorer son seigneur.
Mais le serment de Lanval sera un gage suffisant
et le roi s'en remettra à nous sur ce point.
Puis si Lanval peut produire son garant,
c'est-à-dire présenter son amie,
455 et s'il a dit vrai en prononçant les paroles
qui ont courroucé la reine,
il obtiendra son pardon,
car il aura prouvé qu'il n'a pas voulu humilier la reine.
Mais s'il ne peut produire son garant,
460 voici ce que notre devoir nous commande de lui dire :
il ne pourra plus servir le roi,
qui devra le chasser. »
On envoie chercher Lanval
à qui l'on demande
465 de faire venir son amie
pour le défendre et lui servir de garant.
Mais il répond qu'il ne peut pas
et n'attend d'elle aucun secours.
Les messagers reviennent dire aux juges
470 qu'ils n'ont à espérer aucun secours pour Lanval.
Le roi les presse de rendre leur jugement
car la reine les attend.

---

1. La félonie est très précisément un crime contre l'engagement vassalique.

Quant il deveient departir,
dous puceles virent venir
475 sur dous beals palefreiz amblanz.
Mult par esteient avenanz ;
de cendal purpre sunt vestues
tut senglement a lur chars nues.
Cil les esguardent volentiers.
480 Walwains, od lui treis chevaliers,
vait a Lanval, si li cunta ;
les dous puceles li mustra.
Mult fu haitiez, forment li prie
qu'il li deïst se c'ert s'amie.
485 Il li a dit : « Ne sai ki sunt
ne dunt vienent n'u eles vunt. »
Celes sunt alees avant
tut a cheval ; par tel semblant
descendirent devant le deis
490 la u seeit Artur li reis.
Eles furent de grant belté
si unt curteisement parlé.
« Cil Deus ki fet cler e oscur,
il salt e guart le rei Artur !
495 Reis, faites chambres delivrer
e de pailes encurtiner,
u madame puisse descendre :
ensemble od vus vuelt ostel prendre. »
Il lur otreie volentiers
500 si apela dous chevaliers ;
as chambres les menerent sus.
A cele feiz ne distrent plus.

Li reis demande a ses baruns
le jugement e le respuns
505 e dit que mult l'unt curucié
de ceo que tant l'unt delaié.

---

1. Le palefroi est un cheval monté par les chevaliers et les dames pour la
route. Il est dressé à aller l'amble, c'est à dire à lever alternativement les
deux jambes d'un même côté. Le destrier est un cheval robuste pour le
combat, le *chaceor* un cheval rapide pour la chasse, le *roncin* un cheval de
charge ou une monture de valet ou d'écuyer.

Ils allaient trancher le débat
quand ils voient arriver deux jeunes filles
475 montées sur deux beaux palefrois qui vont l'amble[1].
Elles étaient très gracieuses
et vêtues seulement d'une tunique de taffetas pourpre
qu'elles portaient sur leur peau nue.
Les juges les contemplent avec plaisir.
480 Gauvain, accompagné de trois chevaliers,
rejoint Lanval, lui conte cette arrivée
et lui montre les deux jeunes filles.
Tout heureux, il le supplie
de lui dire si c'est là son amie.
485 Mais Lanval répond : « Je ne sais pas qui elles sont,
ni d'où elles viennent, ni où elles vont »[1].
Elles avancent,
toujours à cheval,
avant de mettre pied à terre devant la table royale,
490 où est assis le roi Arthur.
Aussi courtoises que belles,
elles disent alors :
« Que Dieu, qui fait la lumière et la nuit,
garde et protège le roi Arthur !
495 Roi, faites préparer des chambres
tendues de soie
pour notre maîtresse :
elle veut vous demander l'hospitalité. »
Le roi accepte volontiers
500 et appelle deux chevaliers
qui les font monter dans les chambres
sans qu'elles ajoutent un mot.

Le roi demande à ses barons
leur jugement et leur sentence
505 et dit qu'il est courroucé
de devoir tant attendre.

_____

1. Les deux premières apparitions mettent en valeur la troisième, celle de
la fée. C'est le thème (vraisemblablement issu du folklore celtique) du cor-
tège de la reine, qu'on retrouve dans certaines versions de la légende de
Tristan et Iseut.

« Sire, funt il, nus departimes.
Pur les dames que nus veïmes
nen i avum nul esguart fait.
510 Or recumencerum le plait. »
Dunc assemblerent tuit pensif ;
asez i ot noise e estrif.

Quant il erent en cel esfrei,
dous puceles de gent cunrei
515 (vestues de dous pailes freis,
chevalchent dous muls Espaigneis)
virent venir la rue a val.
Grant joie en ourent li vassal ;
entre els diënt qu'ore est guariz
520 Lanval, li pruz e li hardiz.
Walwains en est a lui alez,
ses cumpaignuns i a menez.
« Sire, fet il, rehaitiez vus !
Pur amur Deu, parlez a nus !
525 Ici vienent dous dameiseles
mult acesmees e mult beles.
C'est vostre amie veirement ! »
Lanval respunt hastivement
e dit qu'il pas nes avuot
530 n'il nes cunut n'il nes amot.
A tant furent celes venues ;
devant le rei sunt descendues.
Mult les loërent li plusur
de cors, de vis e de colur ;
535 n'i ot cele mielz ne valsist
qu'unkes la reïne ne fist.
L'ainznee fu curteise e sage,
avenantment dist sun message.
« Reis, kar nus fai chambres baillier
540 a oés madame herbergier ;
ele vient ci a tei parler. »
Il les cumanda a mener
od les altres ki anceis vindrent.
Unkes des muls nul plait ne tindrent :
545 il fu assez ki guarde en prist

54

« Seigneur, répondent-ils, nous nous sommes séparés
à l'arrivée de ces dames
sans prendre aucune décision.
510 Nous allons maintenant reprendre le procès. »
Ils se rassemblent donc à nouveau, tout soucieux,
dans le bruit et les querelles.

Au milieu de ce tumulte,
ils voient venir le long de la rue
515 deux jeunes filles en noble équipage,
vêtues de tuniques de soie neuve
et montées sur deux mules d'Espagne.
Les vassaux, pleins de joie,
se disent que Lanval, le hardi et le preux,
520 est maintenant sauvé.
Gauvain va le trouver
avec ses compagnons :
« Seigneur, dit-il, réjouissez-vous !
Pour l'amour de Dieu, répondez-moi !
525 Voici venir deux demoiselles
pleines de grâce et de beauté :
c'est sûrement votre amie ! »
Mais Lanval répond aussitôt
qu'il ne les reconnaît pas,
530 qu'il ne les a jamais vues et n'en aime aucune.
Les demoiselles sont alors arrivées
et mettent pied à terre devant le roi.
La plupart des assistants louent la beauté de leur corps,
de leur visage et de leur teint :
535 toutes deux surpassent
de loin la reine.
L'aînée, courtoise et sage,
transmet gracieusement son message :
« Roi, faites-nous donc donner des chambres
540 pour y loger notre maîtresse :
elle vient ici pour vous parler. »
Le roi donne l'ordre qu'on les mène
auprès de celles qui les ont précédées.
Elles n'ont pas à se soucier de leurs mules
545 car plus d'un s'occupe

e ki es estables les mist.
Quant il fu d'eles delivrez,
puis a tuz ses baruns mandez,
que li jugemenz seit renduz ;
550 trop a le jur esté tenuz ;
la reïne s'en curuçot,
que trop lungement jeünot.

Ja departissent a itant,
quant par la vile vint errant
555 tut a cheval une pucele ;
en tut le siecle n'ot si bele.
Un blanc palefrei chevalchot,
ki bien e suëf la portot ;
mult ot bien fet e col e teste :
560 suz ciel nen ot plus gente beste.
Riche atur ot el palefrei :
suz ciel nen a cunte ne rei
ki tut le peüst eslegier
senz terre vendre u enguagier.
565 Ele ert vestue en itel guise
de chainse blanc e de chemise,
que tuit li costé li pareient,
ki de dous parz lacié esteient.
Le cors ot gent, basse la hanche,
570 le col plus blanc que neif sur branche ;
les uiz ot vairs e blanc le vis,
bele buche, nes bien asis,
les surcilz bruns e bel le frunt
e le chief cresp e alkes blunt ;
575 fils d'or ne gete tel luur
cum si chevel cuntre le jur.

---

1. Le *chainse* est une longue tunique à manches portée sur la chemise.
2. Il existe, dans les romans en vers du XIIe siècle, une tradition du portrait
féminin issue des arts poétiques : l'héroïne est ainsi décrite minutieusement,
trait par trait, suivant un ordre immuable qui part de la tête (les cheveux, le
front, les yeux, le nez, les joues, la bouche) pour évoquer ensuite le corps.
Voici par exemple le portrait d'Enide dans le premier roman breton, *Erec et
Enide* de Chrétien de Troyes (vers 1170) : « Je vous assure que les cheveux
d'Iseut la Blonde, aussi dorés et luisants qu'ils fussent, n'étaient rien en

de les mener aux écuries.
Ayant quitté les demoiselles,
le roi ordonne à tous ses barons
de rendre leur jugement :
550 on a trop tardé pendant la journée
et la reine est courroucée
de ne pouvoir manger.

On allait donc rendre le jugement
quand par la ville on vit s'avancer
555 une jeune fille à cheval,
la plus belle du monde.
Elle montait un blanc palefroi,
à la tête et à l'encolure bien faites,
qui la portait avec douceur :
560 il n'était au monde plus noble bête.
Et son harnais était magnifique :
nul comte, nul roi
n'aurait pu l'acheter
sans vendre ou mettre en gage ses domaines.
565 La dame était vêtue
d'une chemise blanche et d'une tunique
lacées des deux côtés
pour laisser apparaître ses flancs [1].
Son corps était harmonieux, ses hanches bien dessinées,
570 son cou plus blanc que la neige sur la branche ;
ses yeux brillaient dans son visage clair
où se détachaient sa belle bouche, son nez parfait,
ses sourcils bruns, son beau front,
ses cheveux bouclés et très blonds :
575 un fil d'or a moins d'éclat
que ses cheveux à la lumière du jour [2].

---

comparaison de ceux-ci. Son front et son visage étaient plus lumineux et
plus blancs que n'est la fleur de lis. Et cette blancheur était merveilleusement
rehaussée d'une fraîche couleur vermeille que Nature lui avait donnée et qui
illuminait sa figure. Les yeux répandaient une telle lumière qu'ils semblaient
être deux étoiles. Jamais Dieu ne sut mieux faire le nez, la bouche ou les
yeux. » (Chrétien de Troyes, *Romans*, Le Livre de Poche, coll. La Pochothèque, 1994, p. 74, vv. 424-436.) Au contraire, le portrait de la fée, très
sensuel, débute par l'évocation du corps.

Sis mantels fu de purpre bis,
les pans en ot entur li mis.
Un espervier sur sun poin tint,
580 e uns levriers aprés li vint.
Uns genz dameisels l'adestrout,
un cor d'ivoire od lui portout.
Mult vindrent bel parmi la rue.
Tant granz bealtez ne fu veüe
585 en Venus, ki esteit reïne,
ne en Dido ne en Lavine.
Il n'ot el burc petit ne grant,
ne li veillard ne li enfant,
ki ne l'alassent esguarder
590 si cum il la virent errer.
De sa bealté n'est mie gas.
Ele veneit meins que le pas.
Li jugeür, ki la veeient,
a grant merveille le teneient ;
595 n'i ot un sul ki l'esguardast,
de dreite joie n'eschalfast.
N'i ot tant vieil hume en la curt
ki volentiers sun ueil n'i turt
e volentiers ne la servist,
600 pur ceo que sufrir le volsist.
Cil ki le chevalier amoënt,
a lui vienent, si li cuntouent
de la pucele ki veneit,
se Deu plest, kil deliverreit.
605 « Sire cumpain, ci en vient une,
mes el n'est pas falve ne brune ;
ceo'st la plus bele de cest mund,
de tutes celes ki i sunt. »
Lanval l'oï, sun chief dresça ;
610 bien la cunut, si suspira.

---

1. Dans l'*Enéide* de Virgile, Enée s'éprend de Didon, reine de Carthage.
Mais destiné à être l'ancêtre du peuple romain, il est contraint par les dieux
à l'abandonner et à gagner le Latium : il s'y établira et épousera Lavine,

Elle avait relevé les pans
de son manteau de pourpre sombre,
tenait un épervier sur le poing ;
580 un lévrier la suivait.
Un bel écuyer l'accompagnait,
portant un cor d'ivoire.
Ils s'avançaient noblement le long de la rue.
On n'avait jamais vu pareille beauté,
585 ni en Vénus, pourtant reine de grâce,
ni en Didon, ni en Lavine [1].
Dans toute la ville, petits et grands,
enfants et vieillards,
tous viennent la contempler
590 dès qu'ils la voient passer :
je ne plaisante pas en parlant de sa beauté.
Elle s'avance lentement
et les juges, en la voyant,
s'émerveillent :
595 on ne peut la regarder
sans se sentir réchauffé de joie !
Même le plus vieux des chevaliers
serait volontiers accouru
se mettre à son service,
600 si elle avait bien voulu de lui !
Les amis de Lanval
viennent lui parler
de la jeune fille qui arrive
et qui, si Dieu le veut, le fera libérer.
605 « Seigneur, compagnon, il en vient une
qui n'est ni rousse ni brune,
qui est la plus belle du monde,
la plus belle de toutes les femmes [2] ! »
A ces mots, Lanval relève la tête,
610 reconnaît son amie et soupire.

---

fille du roi Latinus. L'*Enéide* a été adaptée en vers français vers 1160 : Marie
de France connaît ce *Roman d'Enéas*.
  2. La beauté idéale ne saurait être que blonde. Le brun et surtout le roux
sont les couleurs du mal et de la trahison : le traître Judas est représenté
comme roux, comme le rusé Renart, héros du *Roman de Renart*.

Li sans li est muntez el vis ;
de parler fu alkes hastis.
« Par fei, fet il, ceo est m'amie !
Or ne m'est guaires ki m'ocie,
615 s'ele nen a merci de mei :
kar guariz sui, quant jeo la vei. »
La pucele entra el palais ;
unkes si bele n'i vint mais.
Devant le rei est descendue
620 si que de tuz fu bien veüe.
Sun mantel a laissié chaeir
que mielz la peüssent veeir.
Li reis, ki mult fu enseigniez,
s'est tost encuntre li dresciez,
625 e tuit li altre l'enurerent,
de li servir mult se penerent.
Quant il l'orent bien esguardee
e sa bealté assez loëe,
ele parla en tel mesure,
630 kar de demurer nen ot cure.
« Artur, fet ele, entent a mei,
e cist barun que jeo ci vei !
Jeo ai amé un tuen vassal.
Veez le ci ! Ceo est Lanval !
635 Achaisunez fu en ta curt
(ne vueil mie qu'a mal li turt)
de ceo qu'il dist. Ceo saces tu
que la reïne a tort eü :
unkes nul jur ne la requist.
640 De la vantance que il fist,
se par mei puet estre aquitez,
par voz baruns seit delivrez ! »
Ceo qu'il en jugerunt par dreit,
li reis otreie que si seit.
645 N'i a un sul ki n'ait jugié
que Lanval a tut desraisnié.
Delivrez est par lur esguart,
e la pucele s'en depart.
Ne la pot li reis retenir ;
650 asez ot gent a li servir.

Le sang lui monte au visage
et il se hâte de parler :
« Ma foi, c'est mon amie !
Peu me chaut maintenant qu'on me tue,
615 si elle n'a pas pitié de moi,
car j'ai le bonheur de la voir ! »
La jeune fille entre dans la salle du château :
on n'y a jamais vu si belle femme.
Elle met pied à terre devant le roi
620 et tous la voient bien.
Elle laisse même tomber son manteau
pour qu'on la voie mieux encore.
Le roi, très courtois,
se lève bien vite pour l'accueillir
625 et tout le monde s'empresse de lui faire honneur
et de la servir.
Quand on l'a bien contemplée
et qu'on a fait l'éloge de sa beauté,
elle déclare
630 sans vouloir s'attarder :
« Arthur, écoute-moi,
ainsi que tous les barons que je vois ici !
J'ai aimé un de tes vassaux :
le voici, c'est Lanval !
635 On l'a accusé devant ta cour
et je ne veux pas qu'il soit victime
de ses paroles. Sache bien
que le tort est du côté de la reine :
jamais il n'a sollicité son amour.
640 Quant à sa vantardise,
s'il peut en être justifié par ma présence,
alors, que tes barons le libèrent ! »
Le roi accepte de se soumettre
au jugement que prononceront ses barons dans les règles.
645 Tous, sans exception, jugent
que Lanval s'est bien justifié.
Ils décident donc de le libérer.
La jeune fille s'en va
sans que le roi puisse la retenir ;
650 tous s'empressent à la servir.

Fors de la sale aveit um mis
un grant perrun de marbre bis,
u li pesant hume muntoënt,
ki de la curt le rei aloënt.
655 Lanval esteit muntez desus.
Quant la pucele ist fors de l'us,
sur le palefrei detriers li
de plein eslais Lanval sailli.
Od li s'en vait en Avalun,
660 ceo nus recuntent li Bretun,
en un isle qui mult est beals ;
la fu raviz li dameiseals.
Nuls n'en oï puis plus parler,
ne jeo n'en sai avant cunter.

---

1. Le *palais* désigne ici la salle, la pièce principale du donjon, au rez-de-chaussée.
2. Le *perron* est une grosse pierre qui aide les chevaliers à monter et à descendre de cheval.
3. L'île d'Avalon, « l'Ile des Pommes » en gallois, apparaît dans l'*Histoire des rois de Bretagne* de Geoffroy de Monmouth et son adaptation

Au seuil de la salle[1], on avait placé
un grand perron[2] de marbre gris
qui aidait les chevaliers alourdis par leurs armes
à monter à cheval en quittant la cour du roi.
655 Lanval est monté sur la pierre
et quand la jeune fille franchit la porte,
d'un bond, il saute derrière elle
sur le palefroi.
Il s'en va avec elle en Avalon[3],
660 comme nous le racontent les Bretons.
C'est dans cette île merveilleuse
que le jeune homme a été enlevé.
On n'en a plus jamais entendu parler
et mon conte s'arrête là.

---

française, le *Brut* de Wace : c'est l'île féerique dans laquelle le roi Arthur,
mortellement blessé, attend la guérison pour revenir à la tête des Bretons.
C'est une représentation de l'au-delà celtique, un paradis terrestre situé aux
extrémités du monde connu. Dans un roman en prose du XIIIᵉ siècle, *La Mort
du roi Arthur*, le roi mourant est transporté en Avalon par sa sœur, la fée
Morgue.

Le roi Arthur, la Table Ronde et le Graal
(Manuscrit Bibliothèque nationale, français 116, folio 610 v°).

LE ROMAN DE MÉLUSINE

Les deux extraits que nous donnons ici dans la traduction de Michèle Perret figurent dans *Le Roman de Mélusine* de Jean d'Arras, paru dans la collection « Moyen Age » aux éditions Stock.

Le Roman de Mélusine a été écrit à la fin du XIVe siècle, deux cents ans après le *Le Lai de Lanval*. Dans les deux œuvres, comme dans un très grand nombre d'autres récits, le héros rencontre au bord de l'eau une fée qui se donne à lui ou qui l'épouse à la condition qu'il respecte un interdit : Lanval ne doit pas parler de son amour ; Raymondin ne doit pas chercher à voir Mélusine le samedi ; à la génération précédente, Présine, la mère de Mélusine, avait interdit à son époux, le roi d'Ecosse Elinas, de la voir nue. Bien entendu, tous ces interdits sont un jour transgressés.

L'histoire de Mélusine, associée à la famille de Lusignan, connaîtra un succès considérable. Il en existe deux versions presque contemporaines, l'une en vers, l'autre en prose.

On trouvera ici, traduits en français moderne, deux extraits de cette dernière version, due à Jean d'Arras. Il s'agit de la rencontre en Présine et Elinas, puis entre Mélusine et Raymondin de Lusignan, après que celui-ci a accidentellement tué à la chasse son oncle, le comte de Poitiers.

Présine et Elinas

Dans ces régions d'Ecosse qu'on appelle aussi Albanie a réellement vécu, autrefois, un roi très valeureux. Il avait eu de sa première femme plusieurs enfants ; et son fils aîné, Mataquas, fut père de Florimond. Ce roi, très puissant et bon chevalier, s'appelait Elinas.

Or, après la mort de sa femme, un jour qu'il chassait dans une forêt des bords de mer, il fut pris d'une très grande soif et se dirigea vers une très belle source qu'il y avait là. Alors qu'il s'approchait, il crut entendre une voix qui chantait mélodieusement. Il pensa un instant à la voix d'un ange, puis il comprit très vite, à sa douceur, que c'était la voix d'une femme. Alors, pour ne pas faire trop de bruit, il descendit de son cheval, qu'il attacha à une branche, et il s'en alla doucement vers la source, en essayant de se cacher parmi les arbrisseaux et les branchages. Quand il fut près de la source, il aperçut la plus belle dame qu'il ait jamais vue. Alors il s'arrêta, ébloui par la beauté de cette femme qui continuait de chanter plus mélodieusement, plus harmonieusement qu'aucune sirène, aucune fée, aucune nymphe ne chanta jamais. Et il resta interdit devant sa beauté, sa noble élégance et la douceur de son chant. Il se cacha de son mieux dans les buissons, de peur que la dame ne l'aperçoive, et, oubliant sa chasse, oubliant sa soif, il commença à rêver au chant de la dame, à sa beauté, au point de ne plus savoir si c'était le jour ou la nuit, s'il dormait ou s'il veillait.

Le roi Elinas était donc, on l'a vu, si enivré, si envoûté

par la douceur du chant de la dame et par sa beauté qu'il ne savait plus s'il dormait ou veillait. Et elle continuait de chanter si mélodieusement que c'était grande douceur que de l'entendre. Elinas était fasciné au point d'en perdre la mémoire, de tout oublier, sauf ce qu'il voyait et entendait. Il resta longtemps dans cet état.

Enfin, deux de ses chiens courants arrivèrent, et se mirent à bondir autour de lui pour lui faire fête. Et il sursauta, comme quelqu'un qui émerge brusquement du sommeil, il se souvint de sa chasse, et il éprouva une si grande soif que, machinalement, sans réfléchir, il se dirigea vers la source, prit le gobelet qui était suspendu là par une longue chaînette, puisa de l'eau et but. Alors, il porta son regard sur la dame, qui s'était arrêtée de chanter, et il alla la saluer très respectueusement, avec toutes les marques possibles de considération et de déférence. Et elle, qui n'ignorait rien des bons usages et de la courtoisie, lui répondit très aimablement.

— Madame, dit le roi Elinas, faites-moi la grâce de ne pas m'en vouloir si je vous demande qui vous êtes et quelle est votre famille. Je vous dirai quelle raison m'y pousse : apprenez, madame, que je connais toute la contrée à la ronde ; or il n'y a ni forteresse, ni château perdu dans les bois à moins de quatre ou cinq lieues d'ici, sauf le château dont je suis parti ce matin, qui est à deux lieues environ. Voilà pourquoi je me demande avec stupeur d'où peut être venue, seule et sans compagnie, une créature aussi belle que vous. Pour l'amour de Dieu, pardonnez l'indiscrétion de ces questions : seul le grand désir de savoir me donne cette audace.

— Seigneur chevalier, dit la dame, je ne vois point ici d'indiscrétion, mais une grande délicatesse et de la déférence. Sachez donc, seigneur chevalier, que je ne serai pas longtemps seule, si je le désire : j'ai envoyé mes gens en avant, à cause de l'agrément que je trouvais en ce beau lieu, où j'étais en train de me divertir, comme vous l'avez entendu.

Pendant cette conversation arriva un jeune écuyer, élégamment vêtu, monté sur un gros cheval de trot, et amenant un beau palefroi, si richement harnaché que le roi Elinas, ébloui, se dit en lui-même qu'il n'avait jamais rien vu de si somptueux.

Et le jeune homme dit à la dame :

— Madame, il est temps de venir, quand il vous plaira, car tout est prêt.

Et elle répondit :

— Mon Dieu, merci.

Puis, s'adressant au roi :

— Seigneur chevalier, je prends congé de vous, en vous remerciant pour votre amabilité.

Comme elle s'approchait de son cheval pour se mettre en selle, le roi s'avança et l'aida à monter avec beaucoup de douceur. Elle l'en remercia et partit ; le roi retourna à son cheval et se remit en selle.

Alors arrivèrent ses gens, qui le cherchaient et qui lui dirent qu'ils avaient pris le cerf, et le roi leur répondit : « Voilà qui me plaît » ; et il se remit à penser à la beauté de la dame, épris de tant d'amour qu'il n'était plus maître de ses actes.

— Partez en avant, dit-il à ses gens, je vous suivrai bientôt.

Eux s'étaient bien aperçus que le roi avait trouvé quelque chose, mais ils s'en allèrent, car ils n'osaient pas le contredire. Et le roi tourna la bride et s'élança dans le chemin où il avait vu la dame s'engager.

On dit que le roi poursuivit la dame à si vive allure qu'il finit par la rattraper dans la forêt. C'était une haute futaie, très dense. On était en été, le temps était doux et clément, l'endroit fort agréable. La dame entendit le cheval du roi briser les branchages dans sa course rapide, et dit à son écuyer :

— Arrête-toi, et attendons ce chevalier ; je crois qu'il a oublié quelque chose à la fontaine, ou bien qu'il a omis de nous dire une partie de ce qu'il voulait, quelque chose qu'il n'avait pas pensé à nous dire, car nous l'avons vu fort absorbé.

— Comme vous voudrez, madame, dit le jeune homme.

Et le roi se précipita vers la dame comme s'il ne l'avait jamais vue, et la salua avec beaucoup d'agitation ; il était si surpris par son amour qu'il ne pouvait pas se dominer.

La dame, qui savait très bien qui il était et ce qui allait se passer, lui dit :

— Roi Elinas, que viens-tu chercher auprès de moi avec tant de hâte ? Ai-je emporté quelque chose qui t'appartenait ?

C'est avec stupéfaction qu'Elinas s'entendit nommer, car il ne connaissait pas celle qui lui parlait. Il répondit :

— Très chère dame, vous ne m'avez rien pris. Mais comme vous traversez mon pays, je serais discourtois, puisque vous êtes étrangère, de ne pas vous recevoir plus dignement que je puis le faire ici.

— Si ce n'est que cela, répondit la dame, je vous en excuse volontiers, et je vous prie, si vous ne désirez rien d'autre, que ce scrupule ne vous empêche pas de vous en retourner.

— Très chère dame, dit alors le roi, je désire de tout cœur quelque chose d'autre.

— Et quoi ? Parlez sans crainte.

— Ma chère dame, puisque vous le voulez bien, je vous le dirai. Je désire plus que tout obtenir votre amour et vos bonnes grâces.

— Eh bien, dit la dame, vous avez obtenu ce que vous désirez, à condition que vos intentions soient honnêtes, car jamais un homme ne fera de moi sa maîtresse.

— Ah ! très chère dame, s'écria le roi Elinas, je n'ai aucune intention déshonnête !

— Alors, dit la dame, qui savait parfaitement qu'il était enflammé d'amour pour elle, si vous voulez me prendre pour femme et me jurer que, si nous avons des enfants ensemble, vous n'essaierez pas de me voir pendant mes couches et ne ferez rien dans cette intention, je suis prête à vous obéir comme une épouse loyale doit obéir à son mari.

Et le roi en fit la promesse.

MÉLUSINE ET RAYMONDIN

On dit qu'après avoir quitté son seigneur qu'il avait laissé mort dans la forêt, près du feu, le sanglier à côté de lui, il chevaucha, en proie à un terrible chagrin, si bien que la nuit le surprit. A minuit, il arriva à une source appelée la Fontaine de Soif, ou bien aussi, par certains, la Fontaine enchantée, parce qu'il y était arrivé, au temps passé, mainte aventure merveilleuse, et qu'il en arrivait encore de temps en temps. La source jaillissait dans un site saisissant : un escarpement sauvage, avec de gros rochers au-dessus, et une belle prairie le long de la vallée, après la haute forêt. La lune luisait, claire, et le cheval de Raymondin le portait à son gré, où il voulait, car son maître, anéanti par le chagrin, était privé de toute volonté, comme s'il était endormi. Il arriva près de la fontaine où trois dames s'ébattaient. C'est de l'une d'entre elles, la plus noble, la maîtresse des deux autres, que nous allons maintenant raconter ce que l'histoire nous en dit.

D'après l'histoire, donc, le cheval emportait Raymondin, pensif, malheureux, désespéré de ce qui lui était arrivé ; il ne conduisait plus son cheval, le cheval l'entraînait où il voulait ; il ne tournait la bride ni à droite ni à gauche : il avait perdu la vue, l'ouïe et l'entendement. Il passa ainsi devant la source où se trouvaient les trois dames, sans les voir ; son cheval l'emportait au galop. La plus noble des trois dit aux autres :

— Ma foi, l'homme qui passe là semble noble, mais il ne le montre pas. On dirait plutôt qu'il est issu de rustres, à le voir passer aussi ostensiblement devant des dames ou des demoiselles sans les saluer.

Elle disait ceci par feinte, pour que les autres ne devinent pas ses intentions, car elle savait très bien qui était le jeune homme, comme vous allez l'apprendre. Elle dit donc aux autres :

— Je vais aller lui parler.

Elle se dirigea alors vers Raymondin, prit la bride du cheval et l'arrêta tout net en disant :

— Eh bien, chevalier, est-ce la prétention ou la balourdise qui vous font passer ainsi devant les dames et les demoiselles sans les saluer ? Ou bien êtes-vous à la fois prétentieux et mal dégrossi ?

Et elle se tut. L'autre, qui n'avait rien entendu, ne lui répondit pas. Et elle, feignant la colère, s'exclama :

— Comment, jeune sot, êtes-vous donc si prétentieux que vous ne daignez pas répondre ?

Et l'autre ne dit mot.

— Eh bien, je crois que ce jeune homme dort sur son cheval, à moins qu'il ne soit sourd et muet. Mais je saurai bien le faire parler, s'il a jamais eu l'usage de la parole.

Elle le prit par la main, le tirant énergiquement en disant :

— Seigneur chevalier, dormez-vous ?

Et Raymondin frémit comme un homme qui se réveille en sursaut ; il porta la main à son épée, persuadé que les gens du comte l'attaquaient. La dame se rendit compte qu'il ne l'avait pas encore aperçue et lui dit en riant :

— Seigneur chevalier, avec qui voulez-vous donc vous battre ? Vos ennemis ne sont pas ici. Et sachez, monseigneur, que je suis votre alliée.

Alors, Raymondin la regarda, et se rendit compte qu'elle était très belle ; il en fut ébloui : jamais, lui semblait-il, il n'avait vu une aussi belle femme. Il sauta vivement de son cheval et s'inclina avec une parfaite courtoisie en disant :

— Très chère dame, excusez mon comportement grossier et insultant : j'ai, certes, bien mal agi envers vous, mais je vous jure sur ma foi que je ne vous avais ni vue ni entendue quand vous m'avez pris par la main. Sachez que j'étais préoccupé par certain souci qui me touche profondément au cœur et pour lequel j'implore l'aide de Dieu.

— Sur ma foi, monseigneur, c'est bien dit, car en toutes choses, on doit appeler Dieu à son aide. Et je vous crois volontiers, quand vous me dites que vous ne m'avez ni entendue ni comprise. Mais pouvez-vous me dire où vous allez, à cette heure ? Si vous ne connaissez pas votre chemin, je peux vous aider à trouver la bonne direction, car il n'y a pas de route ou de sentier dans cette forêt dont je ne sache où ils mènent : vous pouvez me faire confiance.

— Grand merci pour vous amabilité, madame, répondit Raymondin. J'ai cherché mon chemin pendant presque toute la journée.

Quand elle vit qu'il faisait preuve d'une telle dissimulation à son égard, elle lui dit :

— Raymondin, à quoi bon cacher ce que vous avez fait ? Je sais très bien ce qu'il en est.

En s'entendant nommer, Raymondin fut si interdit qu'il ne sut que répondre. Et elle, qui se rendit bien compte qu'il était honteux qu'elle en sache tant à son sujet, lui dit :

— Au nom du ciel, Raymondin, je suis, après Dieu, celle qui peut le mieux t'aider et, en ce monde, te faire trouver honneur et profit, au milieu de ton adversité, celle qui peut le mieux convertir ton méfait en bien. A quoi bon dissimuler ? Je sais bien que tu as tué ton seigneur par erreur, comme si tu en avais eu l'intention, bien que, à ce moment-là, tu n'aies pas songé à le faire, et je sais toutes les paroles qu'il t'a dites, avec sa connaissance des astres.

A ces mots, Raymondin fut encore plus stupéfait et il lui répondit :

— Chère dame, vous me dites la pure vérité, mais je ne comprends pas. Comment pouvez-vous le savoir ? Qui vous l'a si rapidement annoncé ?

— Raymondin, répondit-elle, ne sois pas étonné que je sache parfaitement tout cela. Je sais bien que tu imagines que ma personne et mes paroles ne sont qu'illusion et œuvre du diable, mais je te certifie que je participe du monde de Dieu, et que je crois tout ce qu'une bonne catholique doit croire. Sois certain aussi que sans moi, sans mes conseils, tu ne peux venir à bout de cette aventure. Tandis que si tu veux bien me croire, tout ce que ton seigneur t'a prédit s'accomplira – et même davantage –, avec l'aide de

Dieu : je ferai de toi le plus considérable seigneur issu de ton lignage et le plus puissant au monde.

En entendant les promesses de la dame, Raymondin repensa aux paroles de son seigneur, il considéra aussi le danger qu'il courait : être exilé, tué ou chassé de tous les pays où il pourrait être reconnu ; il décida donc de prendre le risque de croire la dame : le dur passage de la mort ne peut être franchi qu'une fois. Aussi répondit-il très respectueusement :

— Chère dame, je vous remercie pour cette généreuse promesse. Je vous prie de savoir qu'il n'y aura rien que je ne m'efforcerai d'accomplir pour vous plaire, si pénible ou si difficile que ce soit, s'il s'agit d'entreprises honorables pour un bon chrétien.

— Voilà qui est bien dit, rétorqua la dame. Pour ma part, je ne vous conseillerai rien dont prospérité et honneur ne vous doivent advenir. Mais vous devez d'abord me promettre de m'épouser. Ne craignez rien, je vous assure que je suis du monde de Dieu.

Et Raymondin répondit qu'il le ferait.

— Maintenant, Raymondin, il faut que vous me juriez autre chose.

— Quoi donc, madame ? Je suis prêt à le faire, s'il ne s'agit pas d'une mauvaise action.

— Non, dit-elle. Vous ne pouvez en tirer que du bien et aucun préjudice. Jurez-moi, avec tous les serments qu'un homme d'honneur peut faire, que le samedi vous ne chercherez ni à me voir, ni à savoir où je serai. Et moi je vous jure, sur le salut de mon âme, que ce jour-là je ne ferai jamais rien qui ne puisse être à votre honneur. Ce jour-là je ne ferai que réfléchir à la façon dont je pourrai le mieux donner plus d'éclat à votre personne et à votre condition.

Et Raymondin le lui jura.

La dame se remit alors à parler :

— Ami, je vais vous dire ce que vous devez faire. Ne craignez rien, allez directement à Poitiers. Quand vous y arriverez, vous trouverez plusieurs personnes qui seront revenues de la chasse et vous demanderont des nouvelles du comte, votre seigneur. Dites-leur : "Comment, il n'est pas rentré ?" Ils vous répondront que non. Dites-leur alors que vous ne l'avez plus vu depuis le moment où la poursuite a commencé, que vous l'avez alors, comme tant d'autres, perdu dans la forêt de Coulombiers et que vous vous étonnez comme les autres. Peu de temps après arriveront les veneurs et des gens de sa suite qui apporteront le comte, mort, sur une litière. Il semblera à tout le monde que la plaie a été faite par les défenses du sanglier. Tous diront que le sanglier l'a mis à mort, et que lui a tué le sanglier, beaucoup trouveront que c'est un bel exploit. Alors, une grande tristesse s'abattra sur tous. La comtesse, son fils Bertrand, sa fille Blanche et tous, grands et petits, laisseront éclater leur douleur. Prenez le deuil comme les autres, habillez-vous de noir comme les autres. On fera de grandioses funérailles et on fixera le jour où les barons prêteront serment au jeune comte. Revenez me voir la veille de ce jour, vous me trouverez ici même. Et tenez, mon ami, pour célébrer le début de notre amour, je vous donne ces deux bagues unies l'une à l'autre ; leurs pierres ont de grands pouvoirs : l'une a la propriété d'empêcher celui à qui elle a été donnée en gage d'amour de périr par les armes, tant qu'il la portera avec lui, l'autre, si sa cause est bonne, lui donnera la victoire sur tous ceux qui lui voudront du mal, devant la justice comme dans les combats. Allez-vous-en en toute sécurité, mon ami, vous n'avez rien à craindre.

Alors Raymondin prit congé d'elle en la prenant tendrement dans ses bras et en l'embrassant très amoureusement, avec une confiance absolue, car il était si épris qu'il tenait pour vrai tout ce qu'elle lui disait – et il avait raison, comme vous l'apprendrez bientôt.

Il remonta donc à cheval, dit l'histoire, et sa dame le quitta, après l'avoir mis sur le chemin de Poitiers. Raymondin, qui se plaisait beaucoup en sa compagnie, en fut triste : il aurait bien voulu rester toujours auprès de celle qui l'avait si bien réconforté. Mais il se mit en route pour Poitiers, tandis que la dame regagnait la fontaine où ses deux compagnes l'attendaient.

Marie de France dans un manuscrit des *Fables*
(Paris, Bibliothèque de l'Arsenal, français 3142, folio 256).

REPERES CHRONOLOGIQUES

Histoire et politique

1066 Conquête de l'Angleterre par les Normands

1095-1099 Première croisade : prise de Jérusalem.

1100 Henri Ier Beauclerc, roi d'Angleterre.

1108 Louis VI le Gros roi de France

1137 Louis VII roi de France

1144 Geoffroy Plantagenêt duc de Normandie

1147-1150 Deuxième croisade

1152 Louis VII répudie Aliénor d'Aquitaine, qui épouse Henri Plantagenêt.

1154 Henri Plantagenêt roi d'Angleterre

1170 Assassinat de Thomas Becket

1180 Philippe Auguste roi de France

Vie littéraire, arts plastiques

Vie de saint Alexis

Chanson de Roland

Guillaume IX d'Aquitaine, le premier troubadour

Vézelay : église de la Madeleine.

Tapisserie (broderie) de Bayeux

Pierre Abélard (1079-1142)

Geoffroy de Monmouth, *Historia regum Britanniae* (1138)

Wace, *Le Roman de Brut* (1155)
Roman d'Enéas

Chrétien de Troyes, *Erec et Enide*

Thomas, *Tristan*

Roman de Renart (premières branches)

Marie de France, *Lais*

Chrétien de Troyes, *Cligès*

Gautier d'Arras, *Eracle, Ille et Galeron*

Chrétien de Troyes, *Le Chevalier de la charrette, Le Chevalier au lion*

Béroul, *Tristan*

1187 Prise de Jérusalem par Saladin	Marie de France, *Fables*
1189 Troisième croisade. Richard Cœur de Lion roi d'Angleterre	Chrétien de Troyes, *Le Conte du Graal*
	Alexandre de Paris, *Roman d'Alexandre*
1199 Jean sans Terre roi d'Angleterre	Marie de France, *Purgatoire de saint Patrick*
1204 Quatrième croisade. Prise de Constantinople par les Croisés.	*Lais anonymes*
1214 Victoire de Philippe-Auguste à Bouvines	Notre-Dame de Paris (1163-1260)
	Lancelot en prose

INDICATIONS BIBLIOGRAPHIQUES

Textes :

Lais de Marie de France, éd. bilingue, trad. L. Harf-Lancner, Paris, Le Livre de Poche, coll. Lettres gothiques, 1990.
Lais féeriques des XIIᵉ et XIIIᵉ siècles, éd. bilingue, trad. A. Micha, Paris, GF-Flammarion, 1992.

Editions critiques :

MARIE DE FRANCE, *Lais*, éd. J. Rychner, Paris, Champion, 1971.
MARIE DE FRANCE, *Le Lai de Lanval*, éd. J. Rychner, Genève, Droz, 1958.

Etudes :

MÉNARD P., *Les Lais de Marie de France*, Paris, PUF, 1979.
HARF-LANCNER, L., *Les Fées au Moyen Age*, Paris, Champion, 1984.

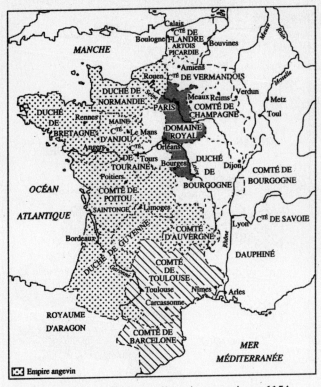

Le royaume de France et l'empire angevin en 1154
(d'après Marcel Pacaut, *Histoire : Le Moyen Âge*, Nathan,
coll. Jean Bonnier, 1958).

L'Angleterre au XIIᵉ siècle
(d'après Marcel Pacaut, *Histoire : Le Moyen Age*, Nathan,
coll. Jean Bonnier, 1958).

Table

 **www.livredepoche.com**

- le **catalogue** en ligne et les dernières
  parutions
- des **suggestions de lecture** par des libraires
- une **actualité éditoriale permanente** :
  interviews d'auteurs, extraits audio et vidéo,
  dépêches…
- **votre carnet de lecture** personnalisable
- des **espaces professionnels** dédiés
  aux journalistes, aux enseignants
  et aux documentalistes

Achevé d'imprimer en juin 2009 en France sur Presse Offset par
Maury-Imprimeur - 45330 Malesherbes
N° d'imprimeur : 147179
Dépôt légal 1re publication : septembre 1995
Édition 03 - juin 2009
LIBRAIRIE GÉNÉRALE FRANÇAISE - 31, rue de Fleurus - 75278 Paris Cedex 06